算数 教科書 アレンジ

学びに向かう力を育てる！

盛山 隆雄 編著

加固希支男・松瀬 仁・山本大貴

志の算数教育研究会 著

JN040219

明治図書

はじめに

2021年は丑年です。丑は食料にするだけでなく，荷物の運搬や農作業など人間の生活に欠かせない存在として敬われてきました。そういったことから「誠実」の象徴として十二支に加えられたという話があります。また，丑は最も遅いのんびりとした動きをします。その姿から，粘り強く一歩一歩進むことが大切な年と言われています。

昨年から流行し始めた新型コロナウイルスの猛威は依然衰えず，社会生活を根底から覆すような事態に発展しようとしています。

そのような中でも「子どもたちの学びを止めてはならない」という考え方で，日本の学校教育は踏ん張っているのです。2021年は，まさに教師の誠実さと粘り強さが求められているように感じます。

コロナ禍においては，オンラインの活用など，工夫した授業が開発されており，意義があることと思います。しかし，そのことによって逆にわかったのは，やはり初等教育では集団の中で学ぶ対面の授業こそ，子どもを育てるのに適しているということです。子どもは教師からほめられることも大切ですが，それ以上に仲間と共感したり，仲間から認められたりすることで自己肯定感を覚え，自信をつけていきます。そして，友だちの思いや考えを聞くことで刺激を受け，新たに自分の世界を拡げようとするのです。

2020年に完全実施された新しい学習指導要領には，「学びに向かう力」を育てることが謳われています。子どもたちが主体的に学びに向かうためにはどのような授業をすればよいのか。今後は，全国の多くの学校で研究課題となることでしょう。そのヒントとなるのが，先ほど述べた，友だちとのつながりだと思います。

本書は，志の算数教育研究会のメンバーで，いかにして子どもの学びに向かう力を育てるのか，実践レベルで協議してきた内容をまとめたものです。特に，教科書教材に何らかのアレンジを加えることで，子ども同士のつなが

りをつくったり，教材へのかかわりをつくったりしました。具体的には，第１章で紹介する12の視点から，教科書の問題をアレンジすることにチャレンジしています。第２章以降の各事例は，「元の問題」と「アレンジした問題」の姿をわかりやすく示しています。

　本書の実践は，実際に子どもたちと授業をすることでまとめたものですから，読者の先生方の授業づくりにも，すぐに生かすことができるものと思います。

　子どもに学びに向かう力を育てるには，おもしろい授業を通して子ども同士のつながりをつくり，資質・能力を伸ばすことが大切です。本書がそのためのお役に立つことができれば幸甚です。

　なお，明治図書出版の矢口郁雄氏には，日頃から志の算数教育研究会の活動を応援していただくとともに，本書をまとめるに際して，大変お世話になりました。心から感謝を申し上げます。

2021年1月

盛山　隆雄

もくじ

第1章
教科書アレンジで，
「学びに向かう力」を育てよう！

筑波大学附属小学校
盛山隆雄

1. 教科書アレンジの目的

　日本の教師は，教科書の教材を主に用いて授業を展開しています。日本の教科書は，海外の教師から見ても大変よくできていると評判です。ただ教科書は，紙面で構成されたものですので，その表現には制約があります。また，日本の標準的な学力の子どもたちや，標準的な指導力をもつ教師を対象につくられています。

　一方で，私たちの目の前にいる子どもたちは，多様な個性，多様な学力をもつ存在です。そういった子どもたちに対応するためには，教科書の活用（アレンジ）の仕方を考え，どんな授業をつくるか研究する必要があります。

　教科書アレンジの目的は，次のように整理されます。

①ねらいをよりよく達成するため。
　・多様性を引き出し，理解を豊かにする。
　　（誤答，誤概念との比較なども含めて）
　・知識・技能にプラスして，数学的な思考力・表現力をつける。
　・考察の対象を絞り，重点を明確にする。
②子どもの意欲を喚起し，「学びに向かう力」をつける。
③内容の系統性を意識し，よりスムーズに次の内容，または将来の内容につなげる。
④全員参加，全員理解の授業をつくる。

志の算数教育研究会では，このような目的を掲げ，教科書をどのようにアレンジして授業をつくるか，実践的に研究してきました。その本質は，あくまで教科書教材を尊重し，よりどころにするという立場です。

2. 教科書アレンジの視点とその具体

　教科書教材のアレンジの仕方を私たちは次のような視点で整理しています。

1　逆をたどる	2　きまりを仕組む，パズル形式にする
3　迷う場面にする	4　比べる場面にする
5　考察の対象をつくる	6　考察の視点を与える
7　単純化する	8　条件を変える，条件を決めさせる
9　隠す	10　視覚化する
11　オープンエンドにする	12　ゲーム化する

　まだ，研究半ばですので，このような視点は洗練していく必要があります。しかし，まずはやってみることが大切で，実践をしながら考え，修正し，決める，といった帰納的な研究方法をとっています。

　限られた紙幅ですが，具体的な事例を簡単にご紹介します。

❶【逆をたどる】創造力を働かせるためのアレンジ

　例えば，「6×4−3×1の式で面積を導く図形をかいてみよう」と問題を出します。多くの場合，Ｌ字型の長方形の複合図形をかきます。また，他にも，6×4の長方形から3×1の長方形を抜いたもの，6×4の平行四辺形から3×1の長方形を抜いたものもかけます。

　一般的には，先に図形を見せて「面積を求めましょう」と問うところを，逆に式から図形を想像させるという「逆をたどる」手法のアレンジです。

　他にも，式から文章題を考えさせたり，テープ図などの図から文章題を考えさせたりするパターンもあります。教科書でも単元末に問題づくりとして

この手の手法が使われています。子どもの創造力アップにはとてもよいアレンジだと思います。

❷【迷う場面にする】概念形成を促すためのアレンジ

　例えば，２年生で三角形の定義を学習するときに，下のような形を提示して三角形かどうかを考えさせます。三角形とは何かを学習したばかりの子どもは，アやイはスムーズに判断できますが，ウやエやオを三角形かどうか即座に判断することは難しいようです。

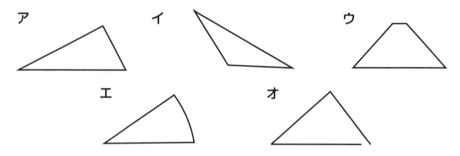

　意図的に迷いを生じさせ，議論し，はっきりさせていく過程を授業でつくることはとても大切なことです。似て非なるものを見て，区別していくことによって，概念形成を促していきます。

❸【オープンエンドにする】多様性を引き出し理解を深めるためのアレンジ

　12.8×2.5×4の計算問題は，結合法則を使って，2.5×4から先に計算させようとする問題です。これを12.8×□×□として，「□にどんな数を入れたら後ろから計算したくなるかな？」と問います。

　この場合，２×５とか25×４といった整数の計算をつくることもできますし，0.2×５とか2.5×４といった小数の混じった計算をつくることもできます。子どもの力に合った問題ができる点が長所です。

　このように，「オープンエンドにする」とは，多様な解をつくることができるようにするアレンジの手法です。

3. 「学びに向かう力」を育てる

　教科書アレンジの目的の１つに，「学びに向かう力」を育てることがあります。算数において学びに向かう力とは，**何らかの結果（答え）が出た後に，さらに自ら課題を設定し，考えようとする態度**と捉えています。

　具体的には，次の①〜⑨のことに整理しています。

①確かめる。多面的に捉え直す。批判的に考察する（検証）

②元の（日常の）事象に戻して考察する（日常生活との関連）

③よりよい解決方法を考える（洗練）

④よりよい表現方法を考える（相手意識）

⑤なぜそうなるのかを考える（深い理解）

⑥統合する（深い理解）

⑦発展させて考えてみる（一般化）

⑧活用する（深い理解）

⑨①〜⑧のことを考え，新しい課題を見いだす（問題発見）

　従来の算数の授業では，目の前の問題を解決するまでが重視されがちでしたが，これからは，問題を解決した後，さらに自ら課題を設定し，考えようとする態度も，育成すべき資質・能力として大切にしていこうとしています。

　教科書アレンジは，「進んで学ぶ子どもを育てたい」「子どもが自らの成長を喜ぶ顔が見たい」という教師の気持ちが原点にあります。その考え方は，「学びに向かう力」を育てることにつながります。

　第２章では，生き生きと学びに向かう子どもをいかにして育てるかを目的として，教科書アレンジという視点から，実践事例をご紹介させていただきます。

第2章
学びに向かう力を育てる
教科書アレンジ事例34

答えが ? になる式は？

[きまりを仕組む，パズル形式にする]

1年／あわせていくつ，ふえるといくつ

元の問題

数のカードを使って，たし算の練習をしましょう。

たし算のカードを並べて考えましょう。

アレンジ
[きまりを仕組む，パズル形式にする]
▼

たしざんの答えが ? のとき，どんな式ができるかな。

| 2 | 3 | 4 | 5 | 6 | 7 | 8 | 9 | 10 |

※ ? には 2〜10 の数カードが入り，答えが ? になる式のカードをつくっていく。

例

　 2 のとき

	表	1 + 1	裏	2
	表	0 + 2	裏	2
	表	2 + 0	裏	2

1.「学びに向かう力」を高める教材アレンジの工夫

①たし算の答えを変動させながら，式について考えさせる

　まずは，□に2や3を入れながら，学級全体で問題に取り組み，活動の見通しを全員がもてるようにします。その際，「答えが□になる数はいくつあるか」ということにも着目できるように，式とあわせて式の総数も確認すると学びが広がります。また，0を含んだ計算の後に本時の授業を行うことで，0を入れた計算についての知識・技能の定着につなげられるようにします。□に1や0も入れることができるという発見（問題を発展させるような発見）をさせることで，子どもの知的好奇心が刺激されます。

②「順番」をキーワードに，整理の仕方を考えさせる

　子どもが発表した式のカードをやみくもに貼ったり，最初から整理して貼ったりするのではなく，子どもたちにどうやって貼るとよいか，整理して貼ると何がよいのかについて考えさせるようにします。その際，順番に気をつけさせることで，まだ出ていない式に気づかせたり，式の数の変化の仕方について考えさせたりします。

2.授業展開例

　まずは，問題を提示した後に，□が2，3，4のときを考えて，活動の見通しをもたせます。

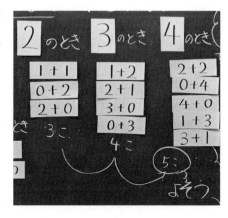

T　まずは，答えが2（3，4）のときをみんなで考えてみましょう。どんな式ができるかな？

　この際，式の総数にも着目して，学

びを広げられるようにしていきます。

T　?が3のときは，式の数はいくつになったかな？
C　全部で4つあったよ。
T　では，?が4のときは，式の数はいくつになりそうかな？
C　3，4ってきたから，次は5つになりそうな気がする。
T　順に増えていきそうと予想したんだね。
C　じゃあ，?が5のときはどうなるのかな？
C　6つあるんじゃないかな…？
T　では，まずは?が4のときをみんなで確かめてみよう。

　自分で考えた?が5の場合について，「順番」をキーワードに，整理しながら考えさせていきます。

T　(?が5の場合について，全体で式を出し合った後)
　今，黒板に書いた式を工夫して考えた人がいたのだけれど，どんな工夫をしたかわかるかな？

C　バラバラじゃなくて，順番に考えたんだ。
T　順番に考えるといいことがあるの？　近くの人と一緒に話して考えてみよう。
C　順番にすると見やすくなるよ。
C　見やすくなると，間違えにくくなるね。
T　順番に考えるといいことがあるんだね。
　でも，?が4のときみたいに，バラバラに書いてもいいんじゃない？
C　グチャグチャでわかりにくいし，間違いやすくなるからダメだよ！
T　そうなんだね。ではこれから，?が6のときをやろうと思うけど，何か気をつけた方がいいことはあるかな？

C 順番に書くことに気をつけた方がいいです。

最後に，式の総数について全員で考えます。

T （?が6の場合について，全体で式を出し合い，確認した後）
　　6のときは，式が全部で7個だね。

C 順番に3，4，5，6，7って増えてきた！
C ?の数より1つ多いね！
T この前勉強した，「いくつといくつ」のときは何種類だった？
C 5種類だったよ。
C 2個増えてる！
T どうして増えたのかな？
C 0を使ったからだよ！
C 最初と最後のところが増えた！
C ?が6のときなら，0＋6と6＋0だ。
T 他の?のときもそうなっているかな？
C あれ？　それができるなら，?が1のときもできるね。1＋0と0＋1で2つあるよ。

C 0のときは0＋0で，1つだ！
C ?が2のときは，2つだったから1個ずつ減っていくんだね。

最後に，本時の学習について振り返ります。

T 今日は，みんなで答えが?になる式を考えてみましたが，順番に気をつけるとどんなよいことがありましたか？
C 見やすいし，書き忘れにくくなるよ。
C 順番に気をつけたら，新しい発見ができたよ。

隠れた時計は何時かな？

[隠す]

1年／なんじ，なんじはん

元の問題

時計を読みましょう。

アレンジ
[隠す]
▼

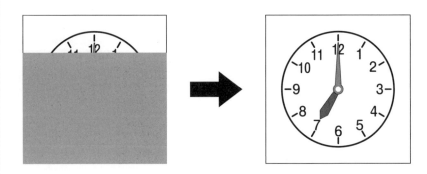

この時計は「何時」かな？　「何時半」かな？　予想してみよう。

（最初はすべて隠した状態からスタートし，徐々に見せていきます（時計は何時か何時半であることを伝えます））

1. 「学びに向かう力」を高める教材アレンジの工夫

①少しずつ見せる範囲を広げながら考えさせる

　一問一答のような形で時計を読ませていくのではなく，時計を隠して提示することで，「どうなっているの？」「もっと見たい！」という好奇心を引き出します。そこから，少しずつ見える範囲を広げていくことで，その段階でわかることに着目させるようにします。見えている範囲を頼りにして，わかることを考えながら，時間を予想したり，予想を修正したりさせるようにしていきます。「もっとここが見たい」「きっと○時ぐらいだ」といった言葉を引き出せるように子どもとやりとりしたり，段階ごとにわかった情報を整理したりしていくことが，授業展開のポイントになります。

②「だって〜だから」をキーワードに，思考を言語化させる

　子どもたちがわかっていることを話してくれたときに，「どうしてそう思うの？」と考えの理由を問うようにします。そして，「だって〜だから」という言葉を子どもから引き出します。その言葉を共有して，大切にしながら，子どもが「なぜそう考えたのか」の根拠を言語化できるように，全体で話し合いを行っていきます。

2. 授業展開例

　隠した時計を提示した後に，問題の説明を行って，活動の見通しをもたせます。

T　この時計は「何時」かな？
　　「何時半」かな？
　　予想してみよう。

　見える範囲からわかることを整理していきます。

T 見えているところから
何かわかることはある
かな？

C 長い針が12を指してる
ってわかるよ！

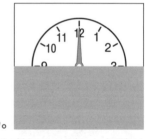

T なるほど。長い針が12ってわかったね。

C 長い針が12ってことは，「何時」ってことじゃない？

C そうだね。長い針が12になっているときは「何時」って習ったもん。

T では，今のところ，「何時」というところまではわかったね。

　見える範囲を広げて，子どもとやりとりをしながら，「だって～だから」
を引き出していきます。

T （右図のような範囲を見せた後）
何か新しくわかったことがあるかな？

C 2時とか3時じゃないよ。

T どうしてそう思うの？

C だって，短い針がそこにないから。

C もしも2時だったら，そこに短い針があるもん。

T 「だって～だから」とか「もしも～だったら」と考えたんだね。何時か
はわからないけど，そうじゃない時間はわかったね。

C だから，10時とかも違うよ。

T どうしてですか？

C さっきと同じだよ。だって10時なら，
短い針が見えるはずだから。

T じゃあ何時なのかなぁ？

C 4時～8時の間のどれかだと思う。

C あと少し見えればわかりそうだよ。

「だって〜だから」を生かしながら，答えに迫っていきます。

（短針が少し見えた後）

C　わかった，わかった！　７時か８時だ！

T　６時かもしれないのではないかな？

C　そんなわけないよ。だって，６時だったら，
　　短い針が真っ直ぐだもん。

C　そうだよ。だから７時か８時だよ。

T　どっちなのかなぁ…。

C　たぶん，７時だと思う。

T　どうして○○さんが７時だと思ったのか，予想できる人はいますか？

C　たぶん，９の方より６の方に近いからじゃない？

T　○○さん，どうかな？

C　そうだよ！　だって，もしも８
　　時だったら，９の方に近いはず
　　だから。

T　では，みなさんの最終予想は７
　　時ということだね。

　　（隠していた時計をすべて見せ，答えと予想を確認する）

　　（練習したことを生かし，何時半の問題を追加で行うとさらに効果的）

最後に，本時の学習を振り返ります。

T　今日の学習をする前と比べて，みなさんは，どんなことができるように
　　なりましたか？

C　見えていることから時計の予想ができるようになった！

C　「なんでそう思ったのか」が言えるようになった！

（岡田　紘子）

おはじきの数が伝わるように並べよう！

［考察の視点を与える］

1年／おおきいかず

元の問題

おはじきはいくつある
でしょうか。

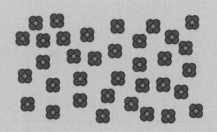

アレンジ
［考察の視点を与える］
▼

　おはじきつかみ取りゲームをします。

ルール　①2人ペアになります。

　　　　②1人ずつ片手でおはじきをつかみ取ります。

　　　　③たくさんおはじきをつかんだペアが勝ちです。

(1)取ったおはじきの数がペアの人に伝わるように机の上に並べよう。

(2)ペアの人と取ったおはじきを合わせよう。おはじきの数が何個あるか
　　みんなに伝わるように並べよう。

1.「学びに向かう力」を高める教材アレンジの工夫

　これまでに「10よりおおきいかず」の単元で，30程度までの数の数え方，読み方，書き方，数の構成，大小，系列について学習してきました。本単元では，さらに2位数の表し方や，簡単な場合の3位数として120程度までの数の表し方について学習します。

　2位数については，10のまとまりの個数と端数という数え方を基にして表現されていることを理解し，数の構成についての感覚を豊かにしていくことが大切です。そのためにも，10のまとまりをつくるよさを味わいながら，具体物を数える体験を多く設けることが必要です。

　ここでのアレンジは，「おはじきの数を数えましょう」と問うのではなく，「おはじきの数が何個あるか伝わるように並べよう」と投げかけます。「数を数えましょう」では，10のまとまりをつくると簡単に数えられますが，10のまとまりをつくらなくても，順番に1個ずつ数えたり，2個ずつ数えたりすることで正確に数えることもできます。10のまとまりをつくるよさは，数を数えるときだけではなく，数を表すときにも発揮されます。10のまとまりをつくることで，「10のまとまりが3個と，1が5個だから，35個」といった十進位取り記数法に基づく数の見方を用いて，数を表すことができるからです。そこで，「10のまとまりをつくりたい！」という子どもの思いを引き出すために，「数が伝わるように並べる」という視点を設定しました。

2. 授業展開例

　「おはじきつかみ取りゲーム」のルールを説明します。

　まず，2人ペアをつくります。最初に，1人目の子どもが，袋の中に入っているおはじきを片手でつかみ取ります。つかんだおはじきの数が，ペアの友だちに伝わるように机の上に並べるよう指示します。

T　おはじきつかみ取りゲームをします。隣の席の人と2人ペアになります。
　　1人ずつおはじきを片手でつかみ取ります。2人のおはじきを合わせて，
　　多いペアが勝ちです。まず，1人目の人がおはじきをつかみ取ろう。

C　たくさん取れました！

T　ペアの人と，いくつくらいありそうか予想してみましょう。

C　10個以上あるね。

C　20個くらいかな？

T　取ったおはじきの数がペアの人に伝わるように机の上に並べよう。

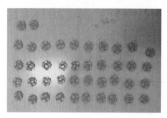  

　ペアの子どもには，並べられたおはじきを見て，おはじきの数をノートに
書くように指示します。また，他の友だちがどのように並べたのか，見て回
る時間を設けます。全員が席に戻ったら，どのように並べると数をわかりや
すく伝えることができるか，並べ方の工夫を聞きます。

T　おはじきの数が何個あるかわかりやすくするために，どのように並べま
　　したか？

C　10個ずつ横に並べました。

C　私は，10個ずつおはじきを積んで，残りのおはじきはきれいに並べまし
　　た。

C　10個ずつまとまりをつくりました。

T　みんなの並べ方で，似ているな，同じだなというところはありますか？

C　みんな10のまとまりをつくっています。

T　10のまとまりにして並べたものを見て，どうやっておはじきの個数がわ

かったのかな？
C　Aさんは，35個おはじきをつかみました。10のまとまりが３個と，バラ
　　のおはじきが５個だから，全部で35個ってすぐにわかりました。

　　子どもたちの発表から，おはじきを10のまとまりに並べた図と，言葉での
　説明を板書します。

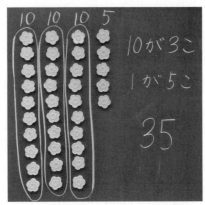

　　最初につかみ取りをした子どもと同様に，ペアの子どもにも，おはじきの
　つかみ取りをして机に並べさせ，おはじきの数をノートにメモさせます。
　　全員が終わったら，１人目のおはじきと２人目のおはじきを合わせて，再
　度数を数えます。ペアの友だちと協力しながら，合計の個数がわかりやすい
　ように机に並べさせます。そして，並べたものを全員で見て回ります。全チ
　ームの結果を発表し，板書します。
　　最後に，数えるものが多いときに，どのように並べるとわかりやすいか，
　子どもたちに再度問い，子どもたちの言葉を基に授業のまとめを行います。

T　どのチームもたくさんおはじきをつかんでいましたね。どのように並べ
　　ると，おはじきがいくつあるかわかりやすかったですか？
C　10のまとまりをつくって並べると，いくつあるかわかりやすかったで
　　す！

（前田　健太）

隠れた数はいくつといくつ？
［隠す］［きまりを仕組む］
1年／おおきいかず

元の問題

　0から99までの数の並び方を調べましょう。

アレンジ
［隠す］［きまりを仕組む］
▼

隠れた数はいくつですか。

		青	3	4	5	6	7	8	9
			13	14	15	16	17	18	19
黄			23	24	25	26	27	28	29
30	31	32	33	34	35	36	37	38	39
40	41	42	43	44	45	46	47	48	49
50	51	52	53	54	55	56	57	58	59
60	61	62	63	64	65	66	67	68	69
70	71	72	73	74	75	76	77	78	79
80	81	82	83	84	85	86	87	88	89
90	91	92	93	94	95	96	97	98	99

1. 「学びに向かう力」を高める教材アレンジの工夫

①隠すことで数表のきまりに目を向けさせる

　0から99の数表を見せられて，「数の並び方を調べましょう」と言われて

も，子どもにはその必要感がまったくありません。数表を隠して見せることで，隠された数を当てたいという必要感が生まれます。そして，その数をどのように求めたかを問うことで，「横に見ると…」「縦に見ると…」「斜めに見ると…」のような系統性や規則性に目をつけた言葉が引き出されてくるはずです。

②自らの意思で問題に働きかけられるようにする

「きまり発見」が子どもたちは大好きです。恐らく，きまりを見つけると何か大きな発見をしたという快感が味わえるからだと思います。さらに，自分が見つけたきまりが本当に他の場合でも適用できるのか試してみたくもなるものです。教師から「次はこの問題です」と言わなくても，子どもたち自らで次の問題を生み出していくきっかけができます。今回のきまりは，成り立つ場合と成り立たない場合があります。どのようなときにきまりが成り立つのかという条件を探すときにも，いろいろと試行錯誤するはずです。

2. 授業展開例

0から99までの数字が書かれた数表を提示し，3×3のシート（右上は青，左下は黄で塗っておく）で隠します。

T　ここに0から99までの数の表があります。この表のどこかを先生がシートで隠します。

C　青色と黄色で隠された数を当てるのかな？

T　その通り！　青色と黄色で隠された数を答えてください。
　　（右のように隠す）

		青	3	4
			13	14
黄			23	24
30	31	32	33	34
40	41	42	43	44

C　青色が2で，黄色が20。

T　どうやって，考えたの？

C　青色は3の1つ左だから，1つ減らして2。

C　黄色は23から１つずつ減らして，22，21，20で20。

C　私は少し違う。縦で40，30と10ずつ減っているから，黄色は20になると思った。

T　縦に見たり，横に見たり，いろいろな求め方があるんだね。

T　さあ，次の問題です。

C　簡単。青色が35で，黄色が53。

T　今度はどうやって考えたの？

C　さっきと同じように縦や横で考えた。

C　斜めにも考えられるよ。（右下に行くと）十の位は１増えて，一の位は１増えるから，２，13，24で青色は35になる。

0	1	2	3	4	5	6	7	8	9
10	11	12	13	14	15	16	17	18	19
20	21	22	23	24	25	26	27	28	29
30	31	32			青	36	37	38	39
40	41	42				46	47	48	49
50	51	52	黄			56	57	58	59
60	61	62	63	64	65	66	67	68	69
70	71	72	73	74	75	76	77	78	79
80	81	82	83	84	85	86	87	88	89
90	91	92	93	94	95	96	97	98	99

C　黄色は31，42と来て，53だね。

T　では，もう一問。

C　簡単すぎる。青色が68，黄色が86だね。

C　あっ，なんか逆になってる！

55	56	57	58	59
65			青	69
75				79
85	黄			89
95	96	97	98	99

T　何かおもしろいことを言っている人がいるよ。まだ気づいていない人もいるみたいだから，しゃべらずにヒントが出せる？

C　（数名が手を交差させるポーズをする）

C　そういうことか！

T　どういうこと？

C　青色と黄色の数を見ると，十の位と一の位が入れ替わっているよ！

T　たしかに35と53，68と86は入れ替わっているけど，２と20はダメだね。残念！

C　いや，大丈夫だよ。２の前には見えない０が隠れていて，「02」になってる。だから，02と20で使えるよ。

T　なるほど。そう見れば使えるんだね。じゃあ，この法則が本当に使える

のか試してみるよ。

T （右の問題を提示する）

C すごい！ これも青色の46と黄色の64で法則が使えるよ。

33	34	35	36	37
43			青	47
53				57
63	黄			67
73	74	75	76	77

　ここまでは，教師が意図的に問題を提示しています。ここでやっと，子どもたちに自由にシートで隠させます。

T 次は自分で隠してみよう。やる必要もないだろうけど…

C うん，うん…。あれ？ ぼくは，青色15，黄色33になって，反対の法則が成り立たないよ。

T そんなわけないでしょ!?

C いや，ぼくも成り立たなかった。

T そうなんだ。ということは，法則が成り立たないところがあるってことなんだね。どういうときに成り立つんだろうね。

2	3	4	5	6
12			青	16
22				26
32	黄			36
42	43	44	45	46

　この後は自由課題としました。ちなみに，法則が成り立つところを記録していくと，右のように3×3の左上のマスが0，11，22，33…の斜めのライン上にあるときに反対の法則が成り立つことがわかります。もう1時間使ってここまで扱ってもよいでしょう。

0	1	2	3	4	5	6	7	8	9
10	11	12	13	14	15	16	17	18	19
20	21	22	23	24	25	26	27	28	29
30	31	32	33	34	35	36	37	38	39
40	41	42	43	44	45	46	47	48	49
50	51	52	53	54	55	56	57	58	59
60	61	62	63	64	65	66	67	68	69
70	71	72	73	74	75	76	77	78	79
80	81	82	83	84	85	86	87	88	89
90	91	92	93	94	95	96	97	98	99

全部で何人並んでいるのかな？
［迷う場面にする］［考察の対象をつくる］
1年／たしざんとひきざん

元の問題

バスていに　ひとが　ならんで　います。

みずきさんは　まえから　6ばんめに　います。

みずきさんの　うしろには　8にん　います。

ぜんぶで　なんにん　ならんで　いますか。

123456ばんめ

まえ　　○○○○○●○○○○○○○○　　うしろ

8人

アレンジ
［迷う場面にする］［考察の対象をつくる］
▼

バスていに　ひとが　ならんで　います。

みずきさんは　まえから　6ばんめ

うしろから　8ばんめに　います。

ぜんぶで　なんにん　ならんで　いますか。

123456ばんめ

まえ　　○○○○○●○○○○○○○　　うしろ

87654321

ばんめ

1. 「学びに向かう力」を高める教材アレンジの工夫

①答えが分かれるようにすることで，理由を説明する必要感をもたせる

　問題を提示し「全部で何人並んでいるのかな？」と発問します。問題の数と「ぜんぶで」という関係表現のみに着目した子どもは，6＋8＝14と式を立て，14人と答えることが予想されます。問題の場面を捉えた子どもは，13人と答えることが予想されます。14人と13人という2つの答えが出されたところで「どちらの答えが合っているのかな？」と発問します。すると，子どもたちは，自分がどのように考えて答えを求めたのか，友だちに伝えようとします。このようにすることで，子どもたちに，自分の答えの理由を説明する必要感をもたせます。

②前後とも「番目」にすることで，考察の対象を与える

　子どもたちがこの問題の場面を式に表すと，5＋1＋7＝13や6＋7＝13，6＋8－1＝13などと表すことが予想されます。どの表し方をしても，問題に記載されている6と8以外の数が出てくることになります。この問題に記載されていない数が考察の対象となります。例えば，子どもが「6＋8－1＝13と式を立て答えを求めました」と話した際に，教師が「みなさんは，どうして1をひくことにしたのかわかりますか？」と発問します。すると，子どもたちは，ブロックを並べたり，図をかいたりしながら理由を考えます。そして，考えた理由を説明します。このようにすることで，子どもたちが自分の考えをもって活発に話し合えるようにします。

2. 授業展開例

　問題を書きます。

T　全部で何人並んでいるのかな？　思った人数をノートにメモしましょう。

子どもたちに，挙手で自分の立場を明らかにさせます。そして，意見の異なる友だちに「自分の考えを伝えたい」という意欲をもたせます。

T　メモができましたね。何人並んでいると思いますか？
C　14人だと思います。
C　私は13人だと思います。
T　14人と13人という意見が出ましたね。他の意見はありませんか？
C　自分と違う意見を聞いて，ちょっと迷っています。
T　迷っている人もいますね。では，今の意見を確かめますよ。14人だと思っている人？　13人だと思っている人？　迷っている人？（手をあげさせる）　意見が分かれましたね。意見の理由を説明できますか？
C　図を使って理由が説明できます。
C　私は，式を使って理由が説明できます。
T　では，理由を考えてノートに書いてみましょう。

　ノートに書かれた内容を基に，子どもがどのように考えたのかを捉えます。多くの子どもたちが話し合いに参加できるよう，図やブロックを使った子どもから指名します。

T　（子どもがどのように考えたか，ノートを見て確認する）
　　理由を考えてノートに書けましたね。それでは，理由を説明したい人は手をあげましょう。
　　（図やブロックを使って理由を考えた子どもから指名する）
C　私は図を使って13人が並んでいると考えました。みずきさんは前から6番目にいるので6人いることになります。後ろから8番目にいるので8人いることになります。

C　それだと，14人並んでいることにならないかな…？

C　このままだと，みずきさんが２人いることになります。みずきさんは，
　　１人しかいないので１人減らします。すると，13人になります。
T　わかりましたか？　どんな説明だったか隣の友だちに話しましょう。

　　次に，式を使った子どもを指名します。式の中に出てくる数の意味を考え
させることで，子どもたちに，問題と図，式の関連を図って場面を捉える必
要感をもたせます。

T　他に説明をしたい人はいますか？（式で考えた子どもを指名する）
C　（６＋８－１＝13と書く）式を使って13人が並んでいると考えました。
T　確かに６＋８－１を計算すると13になりますね。みなさんは，どうして
　　１をひくことにしたのかわかりますか？
C　わからないです…
T　では，説明を聞いてみましょう。
C　みずきさんは，前から６番目なので６人います。また，後ろから８番目
　　なので８人います。合わせると14人いることになるのですが，みずきさ
　　んが２人いることになるので，１人分だけひきます。
C　わかった！　さっきの図の説明と同じだね。

　　本時の学習について，振り返ります。

T　最初は14人や13人という意見がありましたね。今は，全部で何人並んで
　　いると思いますか？
C　13人だと思います。
T　みなさん13人だと思っているのですね。意見が１つにまとまりましたね。
　　どのように考えるのが大切だと思いましたか？
C　図や式を使ったら13人いることがわかりました。特に，図は式を説明す
　　るときにも役立ったから，図で考えることが大切だと思いました。

どんな問題にする?
[隠す]
2年／長さのたんい

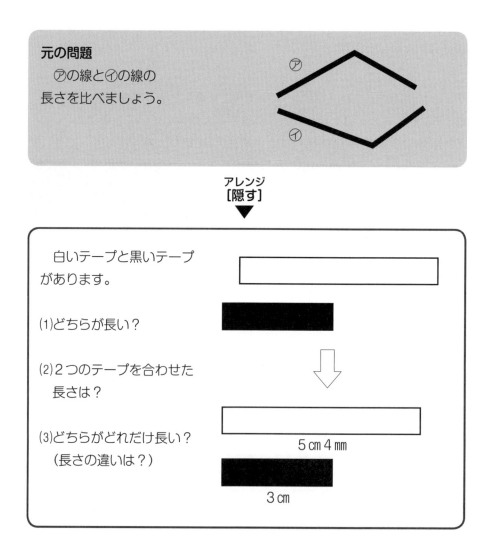

元の問題

　⑦の線と⑦の線の
長さを比べましょう。

アレンジ
[隠す]
▼

　白いテープと黒いテープ
があります。

(1)どちらが長い?

(2)2つのテープを合わせた
　　長さは?

(3)どちらがどれだけ長い?
　　(長さの違いは?)

5 cm 4 mm

3 cm

1. 「学びに向かう力」を高める教材アレンジの工夫

①状況のみ板書し，「どんな問題にする？」と問う

「白いテープと黒いテープがあります」とだけ板書すれば，「続きは『どちらが長い？』でしょ？」と子どもは言うでしょう。そこで，自ら問題をつくったことを価値づけたうえで，改めて「他にどんな問題にする？」と問います。長さの単位の学習中であることから，「２つのテープを合わせた長さは？」「どちらがどれだけ長い？（長さの違いは？）」といった問題が，教師が与えるのではなく，子ども自らが考えた問題（たし算とひき算）として生起されることが期待できます。

②条件不足で取り組ませることで，状況や数値の必要感を引き出す

問題ができ上がった後，「やってみよう」と投げかけると，子どもは「えっ？」「無理だよ」と口々に言うでしょう。「どうしてそう思うの？」と問い返せば，「長さがわからないから」と答えます。問題を解くために数値が必要であることを子どもから引き出したうえで，端がそろっていない長さがわからない２本の紙テープを提示します。「端をそろえなきゃ比べられないよ」という子どもの言葉を受けて，端をそろえて長さを提示します。こうした問題を自らつくる一連の展開が，子どもの学びに向かう力を引き出します。数値については，○cm□mmと△cmと２種類の単位を混ぜることで，誤答を引き出しやすくします。

2. 授業展開例

「白いテープと黒いテープがあります」とだけ板書します。

C 続きは書かないの？

C 続きは「どちらが長い？」でしょ？

T 問題を考えたんだね。すごいね。他にどんな問題にする？

C　2つのテープを合わせた長さは？

C　どちらがどれだけ長い？（長さの違いは？）

　自分たちのつくった問題に取り組ませようとする中で，さらなる状況や数値の必要感を引き出していきます。

T　では，やってみよう。

C　えっ？

C　無理だよ。

T　どうしてそう思うの？

C　だって，長さがわからないから。

T　（長さの必要感を全体で共有したうえで2本の紙テープを提示する）

C　いやいや，端っこがそろってないよ…

C　端をそろえなきゃ比べられないよ。

T　なるほど。じゃあ，端をそろえましょう。白いテープは5㎝4㎜で，黒いテープは3㎝です。

　まず「2つのテープを合わせた長さは？」というたし算の問題を考えます。

C　5㎝4㎜＋3㎝＝8㎝4㎜だよ。合わせるからたし算だよ。

C　答えは，84㎜でもいいよね。

T　なんで84㎜でもいいの？

C　だって，1㎝は＝10㎜でしょ？
　　だから54㎜＋30㎜＝84㎜になるよ。

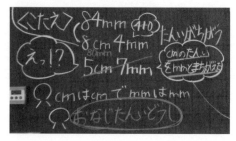

T　（誤答の子を確認したうえで）
　　5㎝7㎜じゃないの？

C　違うよ。だって，㎜の方にたしちゃってるじゃない。

C　cmの単位とmmの単位を間違ったんだね。

C　cmはcmで，mmはmmでやるんだよ。

C　同じ単位同士でやらなきゃ答えがおかしくなるよ。

　　次に「どちらがどれだけ長い？（長さの違いは？）」というひき算の問題を考えます。

C　5cm4mm－3cm＝2cm4mmだよ。

C　「どちらがどれだけ長い？」はひき算だよね。図で表してもわかるよ。

C　答えは24mmでもいいよね。理由は，たし算のときと同じで，1cm＝10mmだから。

T　じゃあ，答えがどんな間違いになるかわかる？

C　5cm1mmじゃない？

C　またこのパターンだよ。

T　「また」ってどういうこと？

C　計算する単位を間違えてるよ。

C　違う単位で計算するとダメなんだよ。

C　同じ単位でそろえて計算するんだよ。

　　最後に本時の学習について振り返ります。

T　今日はどんなことを学びましたか？

C　長さの計算の仕方？

C　長さはどうやって計算するか？

T　確かに，長さの計算について考えました。では，大事だと思った考え方はありますか？

C　単位をそろえて計算することだよ。

C　単位をそろえて計算しないと，違う答えになっちゃうよ。

矢野　浩

どの遠足なら行けるのかな？

［考察の対象をつくる］［迷う場面にする］

2年／時こくと時間

元の問題

起きていた時間は，何時間ですか。

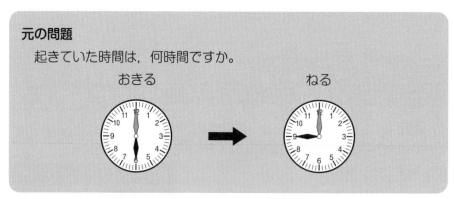

おきる　　　　　　　　　　　　　　　　ねる

アレンジ
［考察の対象をつくる］［迷う場面にする］

▼

どの遠足なら行けるのかな？

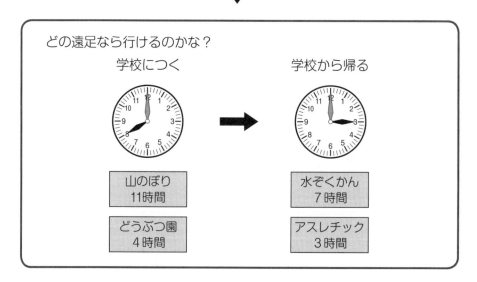

学校につく　　　　　　　　　　　　　学校から帰る

| 山のぼり 11時間 | 水ぞくかん 7時間 |

| どうぶつ園 4時間 | アスレチック 3時間 |

1. 「学びに向かう力」を高める教材アレンジの工夫

①時間を調べる必要感をもたせる

　まず，時計を提示し，子どもたちが学校に着く時刻と学校から帰る時刻を確かめます。次に，活動の内容と時間の書かれたカードを提示して，「どの遠足なら行けるのかな？」と問います。すると，子どもたちは「時間が１番短いアスレチックをする遠足には行けそうだ」「山登りは時間がかかりすぎる」などと，思ったことを話すでしょう。そこで「どうしたらはっきり決められるか」を問います。そうすることで，学校に着く時刻と学校から帰る時刻を基に，学校にいる時間を調べる必要感をもたせます。

②判断に迷う場面をつくり，時刻と時間の違いを考えさせる

　「山のぼり」に行けるかどうかが考察の対象になります。学校にいる時間を調べる際に「着く時刻」と「帰る時刻」を合わせて11時間と考える子どもは「行ける」と答えることが予想されます。また「着いてから正午までの時間」と「正午から帰るまでの時間」を合わせて７時間と考える子どもは「行けない」と答えることが予想されます。意見が分かれたところで「理由を説明できる人はいますか？」と問います。すると子どもたちは，自分がどのように考えて判断したのか理由を伝えようとします。そうすることで，子どもたちが時刻と時間について考え，区別できるようにします。

2. 授業展開例

　学校に着いた時刻と学校から帰る時刻を示した時計を提示します。それぞれの時刻を確かめた後で，本時の課題を伝えます。

T　学校に着いた時刻は何時ですか？
C　午前８時です。
T　学校から帰る時刻は何時ですか？

C　午後３時です。

T　今，遠足に行く計画を立てています。どの遠足なら行けるのかな？
　　（活動の内容と時間の書かれたカードを提示する）

C　時間が一番短い「アスレチック」には行けそうだ。

C　「山のぼり」は時間がかかりすぎるから，行けないね。

C　「水ぞくかん」は行けるかどうか迷うね。

　　課題を捉えた子どもたちが行けるかどうか迷い始めたところで，判断するための方法を問います。

T　迷っている様子だけど，どうしたらはっきり決められるかな？

C　学校にいる時間がわかれば決められるんだけどな…。

C　学校にいる時間は，着く時刻と，帰る時刻が決まっているから，調べればわかるよ。

T　では，時間をとるので，学校にいる時間を自分で調べ，どの遠足に行けるのかはっきり決めましょう。

　　「学校にいる時間を調べる」という問題を子どもから引き出し，その解決方法を一人ひとりに考えさせます。考えたことを基に決めた子ども自身の意見を，挙手させることで明らかにします。

T　決めましたね？　では，意見を確かめていきます。
　　（時間の短い「アスレチック」から順番に意見を挙手で確かめていく）

T　「山のぼり」は意見が分かれたね。理由を説明できる人はいますか？
　　（「行ける」と答えた子どもから指名する）

C　着いた時刻の８時と帰る時刻の３時を合わせると11時になります。だから，11時間の「山のぼり」には行けると思います。

T　次に，「行けない」と決めた人の説明も聞いてみましょう。

C 私は，行けないと思います。着いた時刻が午前8時だから正午までは4時間あります。正午から帰る時刻の午後3時までは3時間あります。4時間と3時間を合わせると7時間になるから，11時間の「山のぼり」は行けないと思います。

T 行けると決めた理由と行けないと決めた理由の両方を聞きました。今，みなさんは，行けると考えていますか？ 行けないと考えていますか？

　理由の説明を基に，時刻と時間について考えさせます。説明を聞き終えたところで，どのように考えているかもう一度問います。

T 意見が変わった人が多いですね。どうして意見を変えたのですか？
C 説明を聞いたら，時間の4時間と3時間を合わせるのはいいけれど，時刻の8時と3時を合わせるのはおかしいと思いました。
T そうですか。8時と3時を合わせて11時間になるのがおかしいから，「山のぼり」は行けないということですね。他の計画はどうですか？
C 「水ぞくかん」はぴったり7時間で，「アスレチック」や「どうぶつ園」はそれより短いから行けると思います。

　本時の学習を振り返ります。

T 最初は学校にいる時間が11時間という意見がありましたね。今は，何時間だと思いますか？
C 7時間だと思います。
T みなさん7時間だと思っているのですね。時間を調べるときは，どのように考えるのが大切だと思いましたか？
C 時刻ではなく，時間を合わせることが大切だと思いました。

佐藤　憲由

どんな式になるかな？
［比べる場面にする］
2年／かけ算

元の問題

　乗り物に乗っている人は
何人いますか。

アレンジ
［比べる場面にする］
▼

お寿司屋さんに行きました。大好きなおすしを食べます。
全部で何かん食べましたか。

次の週に，違うお寿司屋さんに行きました。
全部で何かん食べましたか。

1. 「学びに向かう力」を高める教材アレンジの工夫

①日常生活を題材として場面をイメージしやすくする

　題材は，多くの子が好きなお寿司です。回転寿司では，通常１皿に２貫ずつのっていることが多いのですが，高級なネタは１貫，人気のネタをセットにして３貫のっていることもあります。このように，子どもにとって身近な日常生活を題材として，場面をイメージしやすくします。

②２つの場面を比べることで違いを際立たせる

　最初の寿司屋では，１貫から３貫のった皿を１つずつ提示していきます。１つずつ見せながら，同時に式も書くように指示します。子どもは安心してたし算の式を書いていきます。次に，すべて２貫ずつのった別の寿司屋に行ったことにして，同じように食べた寿司の数を求めさせます。このように２つの場面の違いを明らかにし，それを踏まえて，それぞれの寿司屋にぴったりの名前を考えさせます。そして，かけ算の表し方を指導した後，最初のたし算の式を振り返り，理解を深めます。

2. 授業展開例

T　お寿司は好きですか。先生もよくお寿司屋さんに行きます。
　　（蛇腹折りしたイラストカードを広げて一瞬だけ見せる）

T　食べたお寿司の種類わかったかな？
C　全部まぐろだったよ。
T　よく見ていたね。では，全部で何貫食べたでしょう？
C　えー，数えてなかったよ。もう一度見たい。
T　なぜもう一度見たいの？　全部まぐろだったんでしょう？

C　でも，お皿にのってる数はバラバラだった。だから，ゆっくり見たい。

「もう一度見たい」という言葉を受けて，今度は1皿ずつゆっくり見せ，式をノートに書かせます（「何貫」の言い方が難しい場合，使い慣れている「何個」でも「いくつ」としてもよいことにします）。

C　式も答えもわかりました。2＋1＋3＋2＝8で，8貫です。
T　たし算の式がしっかり書けたね。実は次の週に別のお店に行ったんだ。
C　またぁ!?　お寿司大好きだね。今度はどんなお寿司屋さんかな。
T　（先と同じように1皿ずつ見せながら）数を書いておかないで大丈夫？
C　あっ，そっか。
C　書きました。どんどん見せてください。
C　あれ？　さっきと違うな…。
T　では，全部で何貫食べたかわかりましたか？

C　さっきと同じ8貫です。
T　今，「さっきと同じ」って言ってくれたね。でも，だれかが途中で「さっきと違う」ってつぶやいていました。
C　式が違います。今度は式が「2＋2＋2＋2」で，2しかありません。
C　さっきは，バラバラだったから，皿の上をよく見たもんね。

ここで2つの寿司屋にぴったりの名前を考えさせます。

C　最初のお寿司屋さんは，「バラバラ寿司」。
T　なぜそんな名前にしたかわかる人はいますか？
C　多分，皿にのっているお寿司の数がバラバラだからじゃない？

C だったら，2つ目のお店は「おんなじ寿司」はどうかな？

C 「2ずつ屋さん」とかでもいいと思います。

T そんな「おんなじ寿司」に昨日も行ってきました。

C 式は，2＋2＋2＋2＋2＋…，先生，ノートに入り切らないよ。

T 2を何回たしたの？

C 7回。

T なんで7回なの？

C だって，7皿食べたから。

C 2＋2で4，4＋4＋4で12，12＋2で14，14貫です。

　ここで，同じ数のものがいくつかあり，全部の数を求める計算をかけ算ということを指導します。この場合2×7＝14と式で表せることを教えます。

T 今日は新しい式の表し方を教えます。
　2貫ずつ7皿分食べたら全部で14貫。
　このことを，2×7＝14と表します。
　さて，「おんなじ寿司」に最初に行っ
　たときの式をかけ算で表せないかな？

C 2＋2＋2＋2だから，4皿で，2×4＝8です。

T 4×2＝8ではいけませんか？

C 1つ分は2貫。2貫が4皿あるから，2×4じゃないとダメです。

T よく理解しているね。じゃあ「ばらばら寿司」もお願いします。

C えっ，これはできないよ。だって同じ数ずつじゃないから。

T そうだね。数が同じときはかけ算の式で表せるけど，数がバラバラのときは今まで通りたし算で表しましょう。

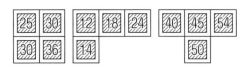

はみ出してしまうなら，表を広げよう！
［パズル形式にする］［考察の対象をつくる］
2年／かけ算

元の問題

九九の表を12まで広げてみよう。

		かける数											
		1	2	3	4	5	6	7	8	9	10	11	12
かけられる数	1												
	2												
	3												
	4												
	5												
	6												
	7												
	8												
	9												
	10												
	11												
	12												

アレンジ
［パズル形式にする］［考察の対象をつくる］
▼

下のパズルのピースは，右の表のどこに入るかを考えましょう。

		かける数								
		1	2	3	4	5	6	7	8	9
かけられる数	1									
	2									
	3									
	4									
	5									
	6									
	7									
	8									
	9									

※斜線部分には付箋が貼ってあり，子どもには見えていません。

1. 「学びに向かう力」を高める教材アレンジの工夫

①九九表のきまりを活用してパズルが当てはまる場所を考えさせる

　パズルの1ピースは4マスでできていて，マスの中に数字が1つずつ書かれています。その数字を見て，「横に○ずつ増えている」「縦に△ずつ増えている」など，九九表のきまりを用いて，どこに当てはまるかを考えます。

②表からはみ出すピースを用意することで表を拡張する意見を引き出す

　九九を学習した後，その経験を基にして，被乗数や乗数が9を超えた場面を考えていきます。教科書では，「きまりを使って，九九の表を12まで広げてみよう」など，九九表を広げた世界を提示してしまっていることが多いですが，「これまでと同じように考えれば，この先も広げられそうだ」と，子どもたち自身に広がる世界に気づかせることが大切です。そこで，パズルのピースの中に九九表からはみ出してしまうものを用意し，子どもたちに「あれ？」という疑問を抱かせます。この疑問こそが考えるきっかけとなります。はみ出てしまうから排除するのではなく，「ピースを生かす方法は何かないか」と投げかけることで，九九表を広げて考える意見を引き出します。

2. 授業展開例

　表の中にパズルのピースを埋めていくルールを理解します。

T　ここにパズルのピースがあります。
　　この表のどこに入るか考えましょう。
C　九九表だ。でも，その形なら，どこにでも入れられそうだよ。
T　そうですね。ヒントとして，この付箋（斜線部分）をめくると，数字が書かれています。

C　だったら，付箋をめくってほしい！

T　では，（左上の25を）めくっていきますね。

C　わかった。「5×5」のところに入るよ。

T　まだ1マスしかめくっていないのに，も
　うわかったの？

C　だって，25は九九表の中に1つしかないから。

　　九九表のきまりを用いて，ピースが入る場所を考えます。

T　では，このピースはどこに入るかわかりますか？

C　同じ4マスだけど，形が変わったね。

T　（左上の12をめくる）

C　もう1枚めくってくれないとわからないよ。

T　さっきは1枚でわかったのに，どうして今度はわからないのかな？

C　だって，12は九九表の中にたくさんあるから。

C　確かに，「2×6」「3×4」「4×3」「6×2」の4か所あるから，も
　う1枚めくってくれないとわからないね。

T　では，どこをめくればわかりそうですか？

C　12の真下。いくつ増えてるかわかればかける数がいくつかわかるから。

C　そっか。例えば，もし真下が15だったら，12から3増えているから，
　「5×3」とわかるね。

T　九九表を縦に見ていくと，きま
　りがありましたね。

C　だったら，12の右横をめくって
　もわかるよ。

C　横にいくつ増えているかがわか
　ってもいいね。

C　最低2か所がわかれば，できそうだね。

表からはみ出すピースを生かすために，表を拡張する意見を引き出します。

T では，こんなピースだったらわかりますか？
　とりあえず1枚（真ん中の45）めくりますね。

C 今回も，あと1枚めくってほしい。45は，
　「5×9」か「9×5」だから…。

C 待って！　もし「5×9」だったら右端の部分がはみ出てしまうし，
　「9×5」だったら下の部分がはみ出してしまうから，おかしいよ。

T あれ？　本当ですね。でも，せっかくつくったので，ピースを生かす方
　法は何かないですか？

C 余分なところを切り取ればい
　いよ。

C この表を大きくするのもいい
　ね。

C 「表を大きくする」って，どういうこと？

C この九九表の右か下にもう1列増やして10の列をつくれば，どちらにし
　ても，このピースが使えるようになるよ。

T なるほど。新しく1列増やせばよさそうですが，その10の列には，どん
　な数が並びそうですか？

C 今までと同じように，10，20，30
　のように10ずつ増えた数だね。

C 縦・横に1列ずつ増えて，このピ
　ースも使えるようになったね。先
　生，45の右隣をめくってほしい。

C 54ならば，下にはみ出た部分が50
　になるところに入るね。

C 10の列だけでなく，もっと表を広げてみれば，いろんなピースをつくる
　ことができそうだね。

（　山本　大貴　）

ドーナツを仲良く分けるには？

［考察の視点を与える］［視覚化する］

2年／分数

元の問題

12個入りのお菓子があります。

1人分が同じになるように，

分けましょう。

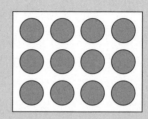

アレンジ
［考察の視点を与える］［視覚化する］
▼

右図のような形をしたドーナツがあります。

1人分が同じになるように仲良く分けます。

(1)下の図のような形の場合，何人に分けたの

　でしょうか。

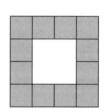

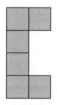

(2)他に，何人に分けることができそうですか。

1. 「学びに向かう力」を高める教材アレンジの工夫

① 「個数に着目する」考察の視点を与える

前時までに，$\frac{1}{2}$ や $\frac{1}{4}$ を考えた際には，操作活動を通して，合同な図形の場合に同じ大きさの分数として表すことができると理解している子もいるでしょう。元の問題のような，長方形の12個を切り分けるのであれば，右図のように合同な形に分けることができ，個数に目を向けて考える必要性をあまり感じません。

そこで，本時では，ドーナツを線に沿って仲良く分ける場面を考えます。$\frac{1}{2}$ や $\frac{1}{4}$ は合同な図形に分けることができますが，$\frac{1}{3}$ は合同な図形に切り分けることができないため，個数に着目する必要感を与えることができます。

② 「倍の見方」と「分数の見方」を視覚的に提示する

形と数の話が混同しないように，右図のような「1つ分」と「もとの大きさ」の形を視覚的に提示していきます。視覚的に提示することにより，学習指導要領にも示されている，「倍の見方」と「分数の見方」を確認することができます。

2. 授業展開例

ドーナツを分ける場面を基に，「倍の見方」「分数の見方」を確認します。

T 今日は，ドーナツを分けることを考えてみましょう。普段の生活から考えると，どのように分けますか？

C 同じ数ずつ分けたい。

C　その線に沿って分けた方がいい。

T　では，例えば1人がもらえた分が，右のような形でした。
　何人に分けたかわかりますか？

C　わかった，2人だ！

T　どうしてそう思いましたか？

C　2つでもとの大きさに戻るから。

C　だって，もとの大きさの$\frac{1}{2}$になっているから。

T　今の2人の意見は，このように（右写真）表せますね。

他の分け方についても，「倍の見方」「分数の見方」を視覚的に確認します。

C　他の形に切れば，違う人数にも分けることができると思うよ。

T　では，何人に分けることができるかを考えて，実際に切ってみましょう。
　（各自，ドーナツを自由に切り分ける）

T　切ったものの1人分だけをみんなに紹介してください。それを見て，その子が何人に分けようとしていたかを考えてみましょう。

C　（右図を見て）わかった！　4人に分けたんだね。

C　$\frac{1}{2}$の半分になっているから，これは$\frac{1}{4}$になるね。

C　4つで，もとの大きさに戻るからね。

C　他にもできたよ。

　　（別の$\frac{1}{4}$）　　　　　　（$\frac{1}{6}$）　　　　　　　　（$\frac{1}{12}$）

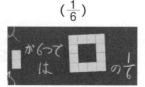

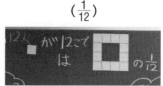

形が違っても個数が同じであれば，同じ大きさの分数で表すことができることを確認します。

C　ぼくは，このように分けたよ。

C　それが３つではもとに戻らないから，おかしいよ。
　　残りもすべて見せてほしい。

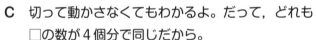

C　やっぱり，３つとも同じ形に切っていないからずるいよ！

C　これは，$\frac{1}{3}$ ずつになったと言えるのかな？

C　確かに同じ形ではないから，$\frac{1}{3}$ ずつになったとは言えないと思う。

C　でも切って動かしてみたら，同じ形になるよ。

C　そしたら，$\frac{1}{3}$ と言えそうだね。

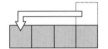

C　切って動かさなくてもわかるよ。だって，どれも
　　□の数が４個分で同じだから。

C　個数が同じだけでも，同じ大きさの分数で表していいの？

T　おもしろい意見が出ていますね。では，$\frac{1}{3}$ という分数の意味についてもう一度考えてみましょう。

C　$\frac{1}{3}$ とは，同じ大きさに３つに分けた１つ分だね。

C　そっか。同じ大きさに分けるということは，□の数が同じだったら，同じ大きさと言えるね。

C　形が違っても，□の数が同じだったら，同じ大きさの分数で表すことができるんだね。

C　でも，１つ分の□の大きさが違ったら，大きさが変わってしまいそうだね。

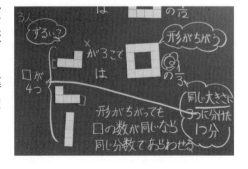

（佐藤　憲由）

卵は何日分あるのかな？

［比べる場面にする］

3年／あまりのあるわり算

元の問題

ゼリーが14個あります。
1人に3個ずつ分けます。
何人に分けられますか。

アレンジ
［比べる場面にする］
▼

スーパーで，卵を買いました。

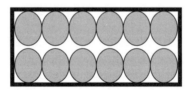

1日に3個ずつ使います。卵は何日分ありますか。

次の週も卵を買いました。

1日に3個ずつ使います。卵は何日分ありますか。

1.「学びに向かう力」を高める教材アレンジの工夫

①日常生活を題材とすることで，課題を把握しやすくする

　子どもにもなじみのある卵のパックを問題にします。図がかきやすいため，悩んだときや説明をするときにも安心できます。おいしい料理は分量を正確に守る必要があることなどを話しながら問題の条件を理解させたうえで考えていき，あまりの２個の扱いに焦点化します。

②わりきれる問題とあまりが出る問題を比べて違いを強調する

　最初はわり算であることが容易にわかる問題です。子どもは自信をもって立式の根拠を説明することができるはずです。次も同じわり算の問題ですが，全体の個数が変わったことで，あまりが出ることに気づきます。図と式を関連づけながら，２つの問題の違いに着目させます。

2. 授業展開例

T　オムライス，親子丼，プリン。共通の材料は何かわかるかな？
C　わかった！　卵じゃないかな。
T　そう！　おいしい料理をつくるために卵を買います。

　スーパーで買ったという設定で，卵のパックの絵を見せます。

T　卵はいくつあるかわかるかな？
C　12個あります。
T　１日に３個ずつ使います。材料が多過ぎても少な過ぎてもおいしい料理はつくれないから，毎日必ず３個ずつ。さて，卵は何日分ありますか？
C　簡単！　12÷3で4日分です。
T　何日分という問題なのに，なんでわり算なのかな？

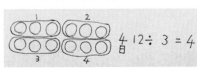

C 図（前ページ）をかいて説明できます。

　図と式の両方で表し，12÷3＝4の式が正しいことを説明させます。

T 卵を使い切ったので，次の週も卵パックを買いに行きました。
C うわっ，さっきより増えているよ。20個もある！
T 同じように，1日に3個ずつ使います。何日分あるでしょうか？
C あれっ…，わりきれないんじゃない？
T どういうことかな。先ほどと同じように式に表したり，図に表したりできないかな。

　20÷3の式であることを確認し，計算の仕方を説明させます。

C なんて言えばいいんだろう。
C 6日分？　7日分？
T ぴったりの答え方はないかな？

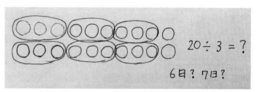

C 6日分ではないけど，7日分でもないよ。
T せっかくかいてくれた図を使って説明できますか？
C 6日分っていうのは，3個ずつのセットが6つあるということです。それと，さっきと違って2個残ります。
C 「残る」っていうより，「あまる」って言った方がいいんじゃないかな。2個あまる。
C でも，「1個足りない」とも言えるよ。

　あまりの2個を子どもが表現できたら認め，その後，答えの表し方を教えます。また，言葉の式で確認するなどして既習のわり算との違いを明確にします。

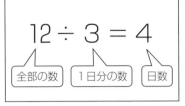

T　最後に，こんな卵パックが
　　売っていたからおもしろそ
　　うだったから買ってみたん
　　だけれど…

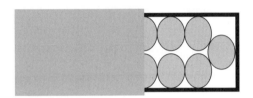

　　（全体を隠した状態から，徐々に右から見せていき，子どものつぶやき
　　が聞こえたら，途中で止める）

C　変なの。なんだか，あまりそうだよ。

T　もう何日分か考えてくれているね。なんであまりそうだと思ったの？

C　だって，最初から中途半端だから。

C　あれ？　でもあまらないかも。全部見せてほしい。
　　（最後まで見せる）

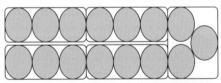

C　図で確認しなくてもわかるよ。
　　ただのわり算だもん。

C　15÷3で5日分です。

T　あまりかどうかは，見た目じゃ
　　わからないものですね。

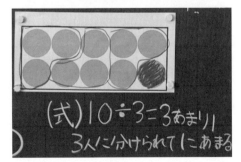

C　図じゃなくて全部の数がわかれ
　　ば，あまりが出るかどうかわか
　　ります。
　　（時間があれば適用問題を解く）

沖野谷英貞

0は省略してもいいのかな？
［比べる場面にする］
3年／かけ算の筆算⑴

元の問題

　23×3の筆算の仕方を考えましょう。

アレンジ
［比べる場面にする］
▼

23×3のかけ算も筆算で表せるのかな？
たし算とひき算の筆算は，どのように計算しましたか？

1. 「学びに向かう力」を高める教材アレンジの工夫

①たし算，ひき算の筆算と関連づける

　子どもたちは，たし算，ひき算の学習において，位ごとに分けて単位のまとまり同士で計算したり，筆算の仕方を学習したりしてきました。これは，かけ算の筆算においても共通する見方・考え方です。そこで，かけ算の筆算の指導で，たし算，ひき算の筆算と比べる場面をつくり，両者の関係を比較しながら学習を進めます。「位をそろえて書くこと」「一の位から計算すること」「位ごとに分けて単位のまとまり同士で計算すること」など，たし算，ひき算の筆算との共通点を見いだす過程を大切にします。

②単位の考えを働かせて，0を省略してよいかを検討させる

　23×3＝20×3＋3×3と考えた場合，20×3は10を基にして考えれば2

×3で，九九を使って計算できます。つまり，10を単位にすることで，その個数を2×3で6個と計算したことになります。この単位の考え方は，割合の素地となる大切なものです。

| 10 | 10 | 10 |
| 10 | 10 | 10 |

```
    23
 ×   3
 ─────
     9
    60
 ─────
    69
```

そこで，単位の考えを顕在化させるために，部分積（計算の途中段階での積）に着目して学習を進めていきます。そして，子どもから「60の0は省略できる」という意見を引き出します。そして，10が6個と考えることで，十の位に6と書き，0は省略してもよいことに気づいていけるようにします。

2. 授業展開例

前時の学習を振り返り，23×3（2桁×1桁）のかけ算は，位ごとに分けると，九九を使って計算できることを確認します。

T　前の時間に学習した23×3は，どのように計算すればよかったかな？

C　23を20と3に分けて，20×3＝60と，3×3＝9の答えをたせばよかった。

C　つまり，位ごとに分けて計算すれば，九九を使って答えが求められる。

T　どうして，位ごとに分けて考えると，九九を使って計算できるんだっけ？

C　3×3は9，これはそのまま九九が使えるでしょ？20×3も，10が2×3あると考えれば，これも九九が使える。

C　つまり，10を基にして考えれば，九九を使って計算できるってこと。

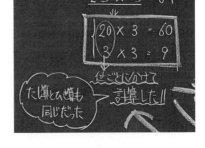

かけ算にも筆算があることを想起させるために，たし算とひき算の筆算を振り返ります。

T　ところで，23×3のかけ算も筆算で表せ
　　るのかな？

C　かけ算の筆算もたし算とひき算と同じよ
　　うに計算できそうだよね。

T　たし算とひき算の筆算は，どのように計
　　算しましたか？

C　まず，位を縦にそろえて数を書く。

C　次に，一の位から順番に計算する。

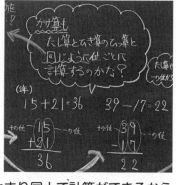

C　位ごとに分けて考えると，同じ単位のまとまり同士で計算ができるから
　　簡単だった。

T　では，たし算とひき算の筆算を手がかりにしながら，23×3の筆算の仕
　　方について考えてみましょう。

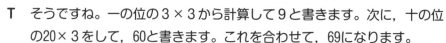

たし算とひき算の筆算と関連づけながら，かけ算の筆算の手順を考えます。

T　23×3の筆算は，こう書きます。
　　（23×3の筆算を板書します）

C　やっぱり！　たし算とひき算と同
　　じで位をそろえて数を書くんだね。

T　そうです。位を合わせて数を書き
　　ます。計算の仕方は想像できる？

C　これもたし算とひき算と同じよう
　　に，一の位から計算して，次に十の位を計算すると思う。

T　そうですね。一の位の3×3から計算して9と書きます。次に，十の位
　　の20×3をして，60と書きます。これを合わせて，69になります。

C　そうか！　筆算も昨日学習した23×3＝(20×3)＋(3×3)と同じこと
　　だね。

20×3＝60の一の位の0を省略してよいかについて話し合います。

C 一の位の0は書かなくてもいいんじ
　ゃないの？　十の位の6だけでいい。

T どうして十の位の6だけでいいの？

C だって，20×3＝60は，10を基にし
　て考えれば，10が2×3で6個にな
　るから。

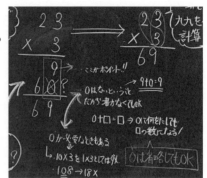

C だから，十の位に6と書けばいいと
　思う。60の0は書かなくてもいい。

C 筆算は，位ごとに分けることで，九九を使って計算できるんだね。

T 2×3は，10が2×3と考えれば，十の位に6と書いてよさそうだね。

C あと，この0は一の位がないという意味だし，書かなくていいと思う。

C でも，0が必要なときもあるよ。

C 例えば，10×3のときに，1×3と計算したら，答えが3になっちゃう。
　あと，108の0もないと，18になっちゃう。

T 省略していい0と，省略してはいけない0がありそうだね。

C でも，0を省略しない方がわかりやすくない？　2×3って，本当は20
　×3ってことだよね？　0を省略するとややこしいな…。

C 10が2×3と考えて，九九で計算した方が簡単でいいと思うけどな。

T かけ算の筆算では，60の0を省略しても，省略しなくても，どちらでも
　大丈夫です。自分がやりやすい方法で筆算を使っていきましょう。

本時の学習を振り返り，学習のまとめをします。

T 今日の学習で，大事だったと思うことは何ですか？

C たし算とひき算と同じように考えると，かけ算の筆算が考えられたこと。

C 筆算は，位ごとに分けて考えると，九九を使って簡単に計算ができた。

もとの大きさを考えて大きさを比べよう！

［迷う場面にする］

3年／分数

元の問題

次の□の中に，等号や不等号を入れましょう。

① $\frac{1}{5}$m□$\frac{3}{5}$m　　② $\frac{4}{5}$m□$\frac{2}{5}$m　　③ 1m□$\frac{5}{5}$m

アレンジ
［迷う場面にする］

カードを1枚ずつ引いて，大きさ比べをします。

先生とみんなどちらのカードの数が大きいでしょうか。

(1)同じ単位同士の分数の大きさを比べる。

	先生	みんな
1回戦目	$\frac{1}{5}$m	$\frac{3}{5}$m
2回戦目	$\frac{4}{5}$m	$\frac{2}{5}$m

(2)もとの大きさが異なる分数の大きさを比べる。

	先生	みんな
3回戦目	$\frac{3}{5}$m	$\frac{4}{5}$cm

(3)1になる分数同士の大きさを比べる。

	先生	みんな
4回戦目	$\frac{6}{6}$m	$\frac{2}{2}$cm

※(3)の分数は分子と分母が同じ数であればどのような数でもよい。

1. 「学びに向かう力」を高める教材アレンジの工夫

① 「だれが見てもすぐにわかるように黒板を使って説明できる？」と問うことで，分数の大きさを図で説明したくなる場面をつくる

子どもたちに，先生対子どもチームに分かれて，分数の大きさ比べゲームをすることを伝えます。分数が書かれているカード（$\frac{1}{5}$m〜$\frac{4}{5}$m）を裏返し，チームごとにカードを引きます。そして，同時に表にして，「どっちの分数が大きいでしょう？」と発問します。すると，子どもたちは書かれている分数の大きさを比べて，結果を言うでしょう。そこで，「だれが見てもすぐにわかるように黒板を使って説明できる？」と問うことで，子どもたちから図を使った説明を引き出します。図で表すことで，分数の大きさが視覚的にわかりやすくなり，学習内容をより深く理解できるようになります。

②もとの大きさが異なる分数を扱い，迷う場面をつくる

今回の授業では，もとの大きさが異なる分数（$\frac{3}{5}$mと$\frac{4}{5}$cmなど）を扱い，「同分母でも分子の数の大小だけで大きさを判断できない」という迷う場面をつくります。迷う場面にすることで，説明する根拠が必要となり，議論し，はっきりさせていく過程で「もとの大きさが違うと大きさが変わるよ」と既習を振り返って学ぶ必要感が生まれます。また，授業の後半では，1mと等しい大きさの分数も扱います。すると，「他にも1mになる分数があるよ」と自分で問題を発展させる場面が生まれ，自ら学びを振り返り，発展させていくという「学びに向かう力」をより高めることができます。

2. 授業展開例

2チームに分かれて（今回は先生チームと子どもチーム），裏返した分数カード（1mをもとにした同分母の分数）から1枚ずつカードを選びます。

$\boxed{\frac{1}{5}\text{m}}$ $\boxed{\frac{2}{5}\text{m}}$ $\boxed{\frac{3}{5}\text{m}}$ $\boxed{\frac{4}{5}\text{m}}$

T　カードの裏面には分数が書いてあります。先生とみんなどちらの分数が大きいか大きさ比べゲームをしましょう。選んだカードを表にしましょう（カードを選び，同時に表にする）。

C　やったー，勝ちだ！

　子どもたちの「勝った」「負けた」という言葉を受けて，その根拠を説明してもらいます。

T　先生は$\frac{1}{5}$mでみんなは$\frac{3}{5}$mでした。本当に，みんなの勝ちなの？

C　だって，先生の分子は1で，私たちの分子は3で，分母は同じなんだから，私たちの勝ちだよ。

　図を使い，同分母の場合の大小について，どちらが大きいかを確認します。

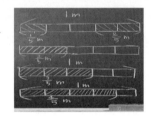

T　だれが見てもすぐにわかるように黒板を使って説明できる？

C　図をかけば，ひと目でわかるよ。

　次に，もとの大きさの異なる分数の大小を比べます。

T　では，今度は別のカードでゲームをしましょう。

C　やったー，分子が4だから，$\frac{4}{5}$を選んだ私たちの勝ちだ！

C　えっ？　単位が違うから，先生の方が大きいんじゃない？

T　単位が違うと大きさが変わるの？

C　だって，先生の選んだ$\frac{3}{5}$mは1mを5等分したうちの3個分で，私たちの選んだ$\frac{4}{5}$cmは，1cmを5等分したうちの4個分だよ。

C　先生は1mをもとにしているけど，私たちは1cmをもとにしているから，

もとの大きさが大きい先生の勝ちだと思います。

T　なるほど。分数についている単位を見れば，もとの大きさがわかって，正しく大きさ比べができるね。

分子と分母が等しい1mになる分数について考えます。

T　では，最後のゲームです。カードを選んでください。

C　6と2だから，$\frac{6}{6}$を選んだ先生が勝ちだね。

C　待って！　単位が違うかも。

C　同じ1mをもとにしているね。

C　いや，引き分けだよ。

T　どうして引き分けだと思ったの？

C　だって，図にかくと，どちらも1mぴったりになるよ。

T　（図で確認しながら）なるほど，分母と分子が同じ数の分数のときは，1と等しくなるのですね。

C　だったら，$\frac{100}{100}$とか$\frac{1000}{1000}$とかも，1と等しいね。

C　どんな数でも，分母と分子が同じだったら1と等しくなるね。

C　分母と分子が同じ数だし，1mの図で言えば，分けている数が増えるだけで，1mぴったりなのは変わらないよ。

最後に本時の学習を振り返ります。

T　分数の大きさ比べをしました。今日の学習で大切なことは何かな？

C　単位が違うともとの大きさが変わるから，単位を確認して比べる。

C　分母と分子が同じときは，どんなときも1と等しくなる。

岡田　紘子

ジュースはあわせると何Ｌかな？
［迷う場面にする］
3年／分数

元の問題

$\frac{2}{10}$ Ｌのジュースと，$\frac{3}{10}$ Ｌの
ジュースがあります。

あわせると何Ｌでしょう。

アレンジ
［迷う場面にする］

▼

ジュースが，大きいコップに ア Ｌ，小さいコップに イ Ｌ入っています。あわせると何Ｌでしょう。

(1) ア ＝ $\frac{2}{10}$ Ｌ，イ ＝ $\frac{3}{10}$ Ｌだと，どんな式になるでしょう。

(2) 大きいコップに $\frac{2}{10}$ Ｌ，小さいコップに $\frac{3}{10}$ Ｌ入れると，どこまで入る
でしょう。

(3) $\frac{2}{10} + \frac{3}{10}$ の計算の仕方を考えましょう。

1.「学びに向かう力」を高める教材アレンジの工夫

①$\frac{2}{10}$と，$\frac{2}{10}$Lの違いについて考える場をつくる

　2年生では，大きい紙を半分にしても，小さい紙を半分にしても，もとの大きさの$\frac{1}{2}$として子どもたちは学習してきました。3年生では，$\frac{2}{3}$Lや$\frac{2}{3}$mのように，測定したときの量の大きさを表す分数を扱い，1mや1Lなど，基準となる「1」をしっかり意識させることが重要となります。そこで，最初から1Lがわかるように提示をせず，あえて大きいコップと小さいコップがそれぞれ何Lなのかわからないように提示します。コップが1Lだとしたら，10等分したものの2つ分が$\frac{2}{10}$Lとなりますが，1Lかどうかわからないと，図に表すことができません。分数のたし算を行う際，基準となる「1」をそろえないとたし算することができないことや，基準となる「1」をより意識できるよう，迷う場面を設定しました。

②単位とする数に着目して，計算の方法を考えさせる

　本時では，単位分数に着目し，整数の計算に帰着して考える「数学的な見方・考え方」を大切に扱っていきます。そして，分子同士をたせばよいという形式的な説明ではなく，もとにした単位のいくつ分になっているかを捉えて考える過程を重視します。本時の終盤では，整数や，小数の加法でも，10や0.1を単位として，そのいくつ分かで計算したことを振り返る場面を設定します。単位となる数を変えると，2＋3の計算で考えられる式はたくさんあります。各学年で学習してきた加法を振り返ることで，単位をそろえて計算していることが同じであることに触れ，加法の見方を深めていきます。

2.授業展開例

　問題を提示します。分数の学習の前に小数の学習を扱う場合，小数のたし算において，場面設定や数値を本時の問題と同じ設定にすると，小数と分数をより関係づけて考えることができます。授業では，どんな数だったら計算

できるか子どもに問い，たし算の式になることを確認します。

T　どんな計算になるかな？

C　たし算の問題だ。$\boxed{ア}$＋$\boxed{イ}$で答えが出せます。

T　例えば，$\boxed{ア}$と$\boxed{イ}$にどんな数が入っていたら，計算できますか？

C　アが5Lで，イが2Lだったら，5＋2＝7で7Lになります。

C　小数のたし算のときと似た問題だ。小数では，0.2Lと0.3Lを合わせて，0.5Lだったね。

$\boxed{ア}$に$\frac{2}{10}$，$\boxed{イ}$に$\frac{3}{10}$を入れたら，何Lになるか考えさせます。そして，$\boxed{ア}$大きなコップの絵と，$\boxed{イ}$小さなコップの絵を提示し，$\frac{2}{10}$Lと$\frac{3}{10}$Lがどこまで入るか問います。

T　大きいコップに$\frac{2}{10}$L，小さいコップに$\frac{3}{10}$L入れるとどこまで入るでしょう。コップのどこまでジュースが入るか，色をぬれますか？

C　コップを10等分した2つ分と3つ分までぬればいい（誤答）。

C　$\frac{2}{10}$Lも$\frac{3}{10}$Lも1Lを10等分した何個分かだから，コップが1Lかどうかわからないと色はぬれません。

C　大きさが同じ1Lのコップでないとわかりません。

T　では，同じ1Lのコップを2つ用意しますね。このコップにジュースを入れ替えたら，どこまでジュースを入れるかわかりますか？

C　$\frac{2}{10}$Lは1Lを10等分した2個分，$\frac{3}{10}$Lは1Lを10等分した3個分です。

T　式はどうなりますか？

C　$\frac{2}{10}$＋$\frac{3}{10}$です。

　ここで自力解決の時間を設けます。子どもたちが，自分の考えをノートに書けた段階で，どのように考えたか，考え方を聞き合います。

T $\frac{2}{10} + \frac{3}{10}$ の計算の仕方を考えましょう。

C 小数にして計算しました。$\frac{2}{10}$ L ＝0.2 L，$\frac{3}{10}$ L ＝0.3 L だから，0.2＋0.3＝
0.5で，0.5 L ＝$\frac{5}{10}$ L です。

C dL に直して考えました。$\frac{2}{10}$ L ＝2 dL，$\frac{3}{10}$ ＝3 dL だから，2＋3＝5
で，5 dL ＝$\frac{5}{10}$ L です。

C 図をかいて考えました。

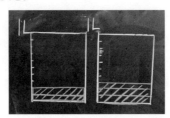

C 分子同士をたせばいいと思います（形式的な説明）。

　なぜ分子だけをたすのか，「2＋3」の意味を考えます。

T 分子同士をたした「2＋3」は，何を2＋3しているのかな？

C $\frac{1}{10}$を2＋3している。

　小数の加法0.2＋0.3と比較し，同じところを探します。そして，小数以外
でも同じ仕組みの式を考え，今までの加法を振り返ります。

T 小数で学習した0.2＋0.3の計算と似ているところはありますか？

C 0.2＋0.3は0.1が2＋3でした。

C 何かの2＋3になっています。

C $\frac{2}{10} + \frac{3}{10}$も，0.2＋0.3も，○○＋○○○の式になっています。

T $\frac{2}{10} + \frac{3}{10}$や0.2＋0.3以外で，何かの2＋3になっている式はありますか？

C 20＋30は10を2＋3しています。

C 2000＋3000は1000を2＋3しています。

（沖野谷英貞）

0をつけるってどういうこと?

［隠す］

3年／かけ算の筆算(2)

元の問題

5人がすわれるベンチが30台あります。
全部で何人すわれるでしょう。

アレンジ
［隠す］
▼

5人がすわれるベンチが□台あります。
全部で何人すわれるでしょう。

1. 「学びに向かう力」を高める教材アレンジの工夫

　本単元「2桁×2桁の筆算」の第1時と第2時の学習のつながりを考えます。教科書では，第1時に1桁×2桁（何十）の計算の仕方を考える時間が設けられています。例えば，5×30は，乗法のきまりを使って既習の計算の仕方に帰着して計算をします。その1つに，5×30＝（5×3）×10と考え，10をかける計算に帰着し

$$5 \quad \times \quad 3 \quad = \quad 15$$
$$\downarrow \times 10 \qquad \downarrow \times 10$$
$$5 \quad \times \quad 30 \quad = \quad 150$$

て答えを求める方法があります。そして，５×３と５×30を比較し，「かける数が10倍になると，積が10倍になる」という乗法の性質を見いだします。従って，「×何十」の計算の仕方は多様ですが，乗法の性質を用いて計算できるようにすることが第２時以降につながる大切な考え方です。

　第２時では，２桁×２桁の計算の仕方を考えます。例えば，12×23の計算の仕方を考える際には，乗数の23を20と３に分け，12×20と12×３の２つの計算をすることで答えを求めます。この×20を計算する際に，第１時の学習が役に立ちます。このように考えると，２桁×２桁の計算で乗数を何十と１桁の数に分けて計算することを見越して，第１時では「×何十」の計算の仕方が位置づけられているとわかります。

□を用いて数を隠し，既習と未習の境を意識させる

　本時の問題は，「５人がすわれるベンチが□台あります。全部で何人すわれるでしょう」です。ベンチの数を30から□に変えました。授業では，「□の数がどんな数なら簡単かな？」と問うことで，子どもたちは既習の計算を想起して数を発表します。ここでの既習は，かける数が１～10の場合です。かける数が１～９（１桁）の場合，かけ算九九で計算することができます。一方，かける数が10の場合，①10回たす（累加），②分けて計算する（２と８などに分ける）などに帰着して計算することができます。

　これらの既習は，本時の問題となる「×何十」の計算の仕方に直結する既習事項です。そのため，子どもたちが□の中に計算できる数を当てはめながら，既習と未習の境をしっかり実感できるようにします。そして，授業序盤で振り返った既習事項を拠りどころにして，未習の「×何十」の計算の仕方を考えられるようにします。このように，□を用いることで，既習から未習へと本時の問題を発展させることができます。

2. 授業展開例

　「□の数がどんな数なら簡単かな？」と問い，既習の学習を想起させます。

特に，乗法の性質（乗数が10倍になると，積が10倍になる）に帰着したいため，10倍の計算の仕方を振り返るようにします。

T　□がどんな数なら簡単に計算できそう？
C　1～9なら簡単だよ。
T　どうして簡単なの？
C　5×□だから，□が1～9なら，かけ算九九で求められるよ。
C　10でも簡単にできるよ。50だよ。
T　どうして50になると言えるの？
C　5×9＝45，45＋5で50。
C　5×10を5×2と5×8に分けて計算する。
T　計算できるように，分けて考えたんだね。
C　×10の計算は，かけられる数の10倍の答えになるから簡単だよ。

　□＝30の場合を取り上げ，既習と未習との違いを意識させ，本時のねらいである「×何十」の計算の仕方について焦点化します。

T　□に30を入れたときは，計算できるかな？
C　簡単！　計算できるよ。
C　できないよ。だって，かける数が10より大きい計算の仕方は知らない。
C　今まで習った計算の仕方を使えばできると思う。
T　では，今日は「×何十」の計算の仕方について考えましょう。

　子どもから，5×30の計算の仕方を話し合う際に，「30の0をとって，5×3をして15。15に0をつけて150」という考えがよく出ます。そこで，図を用いて，「0をつけること」は10倍しているのだということを共有します。

T　5×30は，今まで学習したことを使って計算できたかな？

C　5×10，5×10，5×10の３つに分けて計算をして150になったよ。

T　自分が計算できる式に直して考えたんだね。

C　30の０をとって，5×3をして15。15に０をつけて，150になった。

T　答えは150でよさそうだね。でも，「０をつける」って，どういうことなの？

C　図で考えるとわかりやすいよ。

C　5×3＝15は縦１列に座れる人数を表しているよ。

C　15人が横に10列あるから，15×10＝150になる。

C　つまり，０をつけるのは10倍してるってこと。

T　今，みんなが説明してくれたことを式で表せるかな？

C　5×30の計算は，まず5×3をして，その後10倍したよね。

C　だから5×30は，30を3×10にすると，（5×3）×10で計算できるね。

　「×何十」の計算の仕方について振り返り，乗法の性質（乗数が10倍になれば，積が10倍になる）を確認します。

T　5×3と5×30を比べてわかることはないかな？

C　かける数が10倍になると，積が10倍になることがわかった。

C　かけられる数が10倍になると，積が10倍になることも学習したよね。

　最後に，本時の学習について振り返ります。「×何十」の計算の仕方について，どのような考え方を使って計算したかを引き出します。

T　今日の学習では，どんな考え方が大切でしたか？

C　「×何十」の計算は，九九と10倍の計算を使えばいい。

C　自分が計算できるように，分けたり，かけ算のきまりを使ったりする。

あたりはどんな形かな？
[ゲーム化する]
3年／三角形と角

元の問題

　いろいろな長さのストローで三角形をつくりましょう。

　また，つくった三角形を仲間に分けましょう。

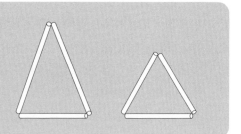

アレンジ
[ゲーム化する]
▼

　くじ引きゲームをしよう！

　裏に「はずれ」「あたり」「大あたり」と書かれたくじが9枚あります。

　下のルールにしたがってゲームをしましょう。

○1枚ずつ交互に引く
○「はずれ」は1点
○「あたり」は2点
○「大あたり」は3点
○得点の多い方が勝ち

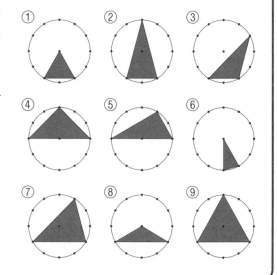

1. 「学びに向かう力」を高める教材アレンジの工夫

①ゲーム化することで目的をもった分類整理を促す

　くじ引きゲームにすることで，子どもが自然と形の分類整理を行うことを促します。また，学習内容に合うように，「あたり」や「はずれ」を設定できるので，学習内容に沿った視点で分類させることができます。

　ゲーム化することで，子どもは「あたり」と「はずれ」の違いに目を向けるでしょう。そして，「どうしてあたりと思ったのか」を問うことで，子どもの言葉を生かした図形の概念指導ができます。

②円周を12等分した図で習ったことを使って考えるよさに気づかせる

　教材として，円の中心の点と円周を12等分する点を印した右図を使用します。この点を結んだ三角形の弁別をすることで，既習である「円の半径はどこも同じ長さになっている」ことを使って二等辺三角形の辺の長さが等しいことを説明できます。

　習ったことを使って考えると，よりよく理解できる体験を積ませていくことで，「習ったことを使う」という大切な考え方が身についていきます。

2. 授業展開例

　9枚のくじを黒板に貼り，ルールを確認しながらゲームを進めます。

T　今日は，くじ引きゲームをします。くじの裏に「はずれ」「あたり」「大あたり」と書いてあります。1枚ずつ引いていくよ。まずは，先生から。（③を引く）あ～，はずれ。次は，みんなの番です。

C　これ。（①を引く）大あたりだ!!　やったー！
　（教師対子どもで，あたり，はずれを確認しながら交互に引いていく）

T　次は…，これにしよう。（④を引く）これもあたりだね！

C　あっ，わかった！　あたりがどれかわかる！

　問い返しながら，図形の概念の内包を子どもの言葉でつくっていきます。

T　あたりがわかる？　超能力？
C　形を見たらわかる！
T　形を見たらわかる？
　　あたりはどんな形をしているの？
C　あたりは２つが一緒。はずれはバラバラ。
T　２つが一緒？　バラバラ？　どういうこと…？
C　だから，あたりの三角形は，２つの辺が同じ長さ。はずれの三角形は，
　　辺の長さが全部違うの！
C　そうそう。それで，大あたりは全部の辺の長さが同じになってるよ！

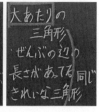

　二等辺三角形と正三角形の辺の長さを実測して確かめ，それぞれの用語を
教えます。

T　（④を持ちながら）このあたりの三角形，同じ長さはどことどこ？
C　（指で示しながら）こことここ。
T　本当に同じ長さかな？
C　定規で測ったらわかるよ。
C　コンパスでも調べられる！
　　（プリントを配り，ここまでに引いた三角形の辺の長さを調べさせる）
T　あたりの三角形は，２つの辺の長さが同じでした。このような三角形を
　　「二等辺三角形」と言います。そして，大あたりの三角形は，３つの辺
　　の長さが同じでした。このような三角形を「正三角形」と言います。

　あたりかはずれかを予想させ，実測しなくても判断できる方法を考えます。

T	じゃあ，次はみんなの番だけど，どれにする？
C	あれがいいな！（⑥を指さす）
C	そうそう，あれも二等辺三角形であたりだから！
T	でも，２つの辺が同じ長さかわからないよ？　はずれかもしれないよ？
C	絶対に同じ。さっきみたいにコンパスで測ったらわかる！
C	測らなくてもわかるよ！　だって…
T	ちょっと待って。測らなくてもわかるって言った
	けど，どうしてかな？
C	う～ん。
C	ここ見て！　２つの辺がどっちも円の半径になってるでしょ？（上図）
C	そうか，円の半径だから同じになるね！
C	（⑥を引く）やっぱりあたりだった！
T	先生の番。（⑧を持つ）これはどうかな？
C	これも半径が２つだから二等辺三角形！
C	あとは全部はずれだね。
	（交互に最後まで引いていく）

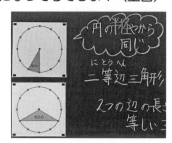

　取り方次第で先行が勝てるよう，くじの数を半端な数に設定しておきます。
不公平さから，「くじをつくりたい」という思いを引き出し，作図の授業へ
とつなげていきます。

T	結果は…。先生が９（１＋３＋２＋２＋１）点で，みんなが８（３＋２＋２＋１）点だから先生の勝ち。
C	ずるい！　だって，先生だけ１枚多い！
C	もう１枚くじを足して！
T	う～ん，真っ白いくじならあるけど…
C	くじをつくる！　二等辺三角形か正三角形のくじ！
T	次の時間，二等辺三角形と正三角形のくじをつくろう。

神保　祐介

もし□が5だったら迷うなぁ…

［条件を変える］［迷う場面にする］

4年／がい数の使い方と表し方

元の問題

　下の表は，A町とB町の子どもの人数を表しています。2つの町の子どもの人数は，それぞれおよそ何千人と言えるでしょう。

A町	1278人
B町	1856人

アレンジ
［条件を変える］［迷う場面にする］

▼

　2019年の○○市の人口は1□3347人です。
　およそ何十万人と言えますか。

　0〜9のカードから数字を選んで，入れてみましょう。

$$\boxed{0}\ \boxed{1}\ \boxed{2}\ \boxed{3}\ \boxed{4}\ \boxed{5}\ \boxed{6}\ \boxed{7}\ \boxed{8}\ \boxed{9}$$

例　もし□が4だったら…

1④3347人

1. 「学びに向かう力」を高める教材アレンジの工夫

① 「もし□が…」と条件を変えながら考えさせる

　子どもたちに「1□3347人」という人数を提示した後に、「およそ10万人と言っていいよね？」と問います。すると、子どもたちから、「ダメだよ！」「決められないよ！」という声が出ます。「なぜ決められないの？」とその理由を問うと、「だってもし□が1だったら10万人だけど、□が9だったら20万人に近いよ」などと、□に入る数字を自分たちで決めながら話し合いを進めていきます。このように、決められた数について考えるのではなく、子どもに条件を決めさせることで、子どもたちはより多くの場面について自分たちで検証することになります。

② 「迷う気持ち」を共有し、場面を整理する意欲を高める

　子どもたちに条件を決めさせると、まずは極端な場面（□が0や9）が出されます。そして、話がある程度進むと、「でも、もし□が5だったら迷うなぁ」という言葉が出てきます。その気持ちに共感した子どもたちは、理由を話すために□が0のときから9のときまでを順番に整理したくなります。このように、自分たちで場面を整理したくなることが大切です。自分たちで整理することで、□が5のときをどちらに入れるかが鮮明に見えてきます。

2. 授業展開例

　まず、本時の問題を提示し、1万の位に着目させます。

T　○○市の2019年の人口は、1□3347人だそうです。これは、10万の位が1だから、およそ10万人と言っていいよね？

C　えっ、ダメだよ！

C　でも、およそ10万人と言っていい場合もあるんじゃないかな？

C　20万人って言えるときもあるんじゃないかな？

C □に入る数字で，どっちに近いかがかわるね。

T 今，いろいろな意見が出始めましたね。
それでは今日は今からどんなことを考えたい
ですか？

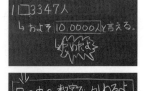

　1万の位を□にすることで主体的に問題にかかわり始め，問題について考えたくなります。

C 「なぜ1□3347人を，およそ10万人と決めてはいけないのか」がいいんじゃない？

T それでは，それを今日の問いにしましょう。どんなときにおよそ10万人と言えて，どんなときにおよそ20万人と言えるかな？

C もし□が1だったら，113347人になるから，およそ10万人と言ってもいいんじゃないかな？

C もし□が9だったら，193347
人になるから，およそ20万人だね。

C もし□が3だったら，133347人でおよそ10万人と言えるよ。

C もし□が8だったら，183347人だから，20万人に近いと言える。

C でもさぁ，もし□が5だったらちょっと迷うなぁ。

C あっ，わかる！

T 今，Aくんが「□が5だったら迷うなぁ」って言ってたんだけど，その気持ち，わかるかな？

　「□が5だったら迷う」という気持ちを共有することで，もし□が5だったらどうするのか，ということをクラス全体の問いへと広げます。

C わかる！　だって，5って真ん中だから。

C 真ん中だから，およそ10万人とも20万人とも言えそうだよね。

C　一度0～9まで全部書いてみようよ。

T　全部書くと，何かいいことがあるの？

C　どっちに近いかが見えやすくなるでしょ？

　　はじめは「5は真ん中」と見えていた子どもたちでしたが，□が0～9のすべての場合を書くことで，0～4まででカードが5枚，5～9まででカードが5枚であることに気がつきます。

C　あっ，5って真ん中だと思ってたけど，カードが0～4まで5枚，5～9までで5枚だから，後半のグループと言えるんじゃないかな？

C　確かに！　ちょっと20万人には遠い気がするけど，どっちかって言わなきゃいけないとしたら，20万人になるね。

　　本時の学習について振り返ります。

T　○○市の人口を考えてきましたが，およそ何十万人と言えますか？

C　□の数によって変わるよ。

C　□が0～4のときはおよそ10万人。

C　□が5のときはちょっと遠いけど，およそ20万人にする。

C　□が6～9のときもそうだね。

T　みんなが今日発見した0～4のときと5～9のときで分ける考え方を「四捨五入」と言います。4までは切り捨てて，5より大きいときは次の位に切り上げるという意味です。

C　やっぱり，5のときはおよそ20万人でよかったんだね！

C　でも…，結局○○市は本当は何人なのかな？

T　おっ，いい質問だね。ぜひ明日までに調べてきましょう。

何を買ったかわかるかな？
［オープンエンドにする］［条件を変える］
4年／計算のきまり

元の問題

　あきらくんは，500円玉を出して，140円のハンバーガーと200円のLサイズのジュースを買い，おつりを160円もらいました。

　このことを1つの式に表しましょう。

アレンジ
［オープンエンドにする］
▼

「500円玉を出して，_____を買い，

おつりを____円もらいました」

　自分だったら何を買いますか。メニューから自分の買いたいものを選び，（　　　）を使って式に表しましょう。

アレンジ
［条件を変える］
▼

　Aさんは，何を買ったかについて次のような式で表しました。

$$500-(130+180+150)=40$$

　Aさんが買ったものを，式をよんで考え，前に出てきてお客さん役になって注文してください。

　また，注文を聞く店員さん役もやってください。

1. 「学びに向かう力」を高める教材アレンジの工夫

①オープンエンドな問題にする

（　）を使うことの意味や計算の
きまりを確認した後，「自分だった
ら」と考えて，500円以内という条
件の中で右のメニューから自分の買
いたいものを選び，（　）を使って
式に表します。

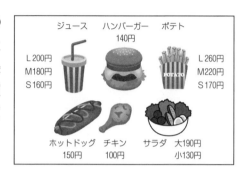

②式をよむ活動を取り入れる

立式後の考えを共有する場面では，式を発表し，その式から，買おうとし
ている商品を皆で考えるという「式をよむ」活動を行います。子どもが店員
さん役とお客さん役になり，式を基に注文からおつりのやりとりまでを簡単
に演じ，楽しみながら確認していきます。なお，商品を500円ちょうどにな
る組み合わせで購入した場合，500−500＝0と式に表すと，500円ちょうど
になる組み合わせが複数あることから，何を買ったのかわかりません。本時
では，計算のきまりを学ぶとともに，数値を残して式に表すことのよさにつ
いても触れ，場面を表す式についても学んでいきます。

2. 授業展開例

導入では，ファストフード店での買い物をイメージできるようにやりとり
をしながら，商品購入の場面を示します。

T　みんなはファストフード店に行きますか？　先生は，この前の休日に行
　　って，140円のハンバーガーと200円のLサイズのジュースを買いました。
　　ちなみに，500円を出したら，おつりはいくらになりますか？

C　160円。

T　計算が速いですね。

　　（以下の文章を板書する「500円玉を出して，140円のハンバーガーと200円のLサイズのジュースを買い，おつりを160円もらいました」）

T　式には，「答えを求めるための式」と「場面を表すための式」がありましたが，この買い物の場面を1つの式に表してみてください。

　個々に考える時間を取ります。悩んでいる子には，「まず，この場合代金はいくらになるかな？」と声をかけたり，分けて式に表している子には，「1つの式にまとめてごらん」と声をかけたりします。

　その後，考えた式を発表させ検討します。例えば，右の式が出されたら，まずはウの式を取り上げ，それがなぜ違うのかを考え

ア	$500-(140+200)=160$
イ	$500-140-200=160$
ウ	$500-140+200=160$

させます（子どもからウが出ない場合も，教師から紹介して取り上げます）。また，アとイの式の違いについても考えていきます。

T　ウの式について，「違うよ」という意見が出ました。140円のものと200円のものを買っているからよいように思うけど，皆さんはどうですか？

C　ウの式だと，＋200になっていて，200円をもらったことになっちゃう。

C　ウの式の左側を計算してみると，$500-140+200=560$になって，おつりが160円にならないし，元より増えちゃっているからおかしい。

T　確かにそうですね。では，アの式とイの式についてはどうですか？

C　どちらもいいと思うけど…。

T　アとイの式をよんだときに，感じる違いはありますか？

C　アは，140円のハンバーガーと200円のジュースLを一緒に買っていることがわかるけど，イは，バラバラに買ったような感じがする。

　やりとりを通して，ひとまとまりの式は（　）を使って表すことや（　）のある式では（　）の中をひとまとまりとみて先に計算することを確認しま

す。その後，メニューを示して次のように問いかけます。

T 500円を持ってこのお店に行き，自分だったら何を買いますか。500円を
出して何を買うか，そして，おつりがいくらになるかがわかるように，
1つの式に表しましょう。

少し時間をとり，式に表すことをさせます
（右は例）。全員が式を立てたら，式をよむ活
動を行います。

$$500-(180+150+130)=40$$
$$500-(200+170+100)=30$$
$$500-(160+150+190)=0$$

T Bさんの式を言ってください。
B $500-(190+160+150)=0$
T 代金がちょうどぴったり500円だね。式から何を買ったかわかるか，隣
同士確認してみてください。では，だれか式からBさんが買ったものを
考え，前に出てお客さん役で注文してください。だれか注文を聞く店員
さん役もやってください。

このような活動を繰り返しながら，子どもがお客役と店員役になってやり
とりを演じ，楽しみながら式をよむ活動を行っていきます。

代金が500円でおつりのない買い方をした
式が出された場合，他の買い方をした式も取
り上げます。そして，おつりなしの買い方が

$$500-(180+220+100)=0$$
$$500-(200+170+130)=0$$
$$500-(180+170+150)=0$$

何通りもあることから，500−500＝0としてしまうと何を買ったのかわから
なくなってしまうことや，計算をせずに，数をそのまま式に残すことで，場
面を表すことができる式のよさを確認します。

また右のような同じ商品を複数購入する子
もいます。授業の最後や次時には，このよう

$$500-(150×3)=50$$
$$500-(140×2+200)=20$$

な式も取り上げて式をよむ活動を行い，次の内容へとつなげていきます。

（神保　祐介）

あたりの共通点はなんだろう？
［きまりを仕組む］［ゲーム化する］
4年／分数

元の問題

　数直線を使って，大きさの
等しい分数を見つけよう。

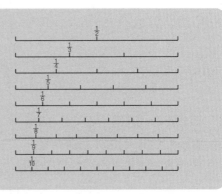

アレンジ
［きまりを仕組む］［ゲーム化する］
▼

封筒の中に分数カードが入っています。

この分数カードを使って，くじ引きをしましょう。

くじ引きなので，あたりとはずれがあります。

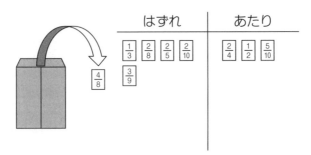

1.「学びに向かう力」を高める教材アレンジの工夫

①くじ引きにすることで，等しい大きさの分数を探す必要感を生み出す

　元の問題では，ある決められた分数の面積図などが与えられ，それと同じ大きさの分数を数直線を使って探します。しかし，それでは子どもたちにとって大きさの等しい分数を探す必要感があまりありません。

　そこで，問題形式をくじ引きにします。封筒の中に，表に分数，裏に「あたり」か「はずれ」が書かれたカードを入れ，子どもたちに引かせます。はじめは引いたカードがあたりなのかはずれなのか見当がつかない子どもたちですが，しばらくすると，結果を見なくても「あっ，これはあたりのカードだ！」とルールが見えてくる子がいます。まわりの子は，友だちが発見したきまりを知りたくなります。このように，くじ引きにしてきまりを仕組むことで，子どもたちは自分から分数の大きさを調べ始めます。

②白紙カードを入れておき，子どもが問題を発展できるようにする

　封筒の中に入れておくカードの中に，分数が書かれたものだけでなく，何も書かれていない白紙カードを混ぜておきます。そのカードを引いたら，「あっ，分数を書き忘れたカードがあった」などと伝え，黒板の端の方に貼っておきます。この，「貼っておく」ということが大切です。そうすることで，授業後半で子どもたちが問いを広げたり深めたりする場面で「あたりのカードを増やしたい」などと発想を広げる手助けになります。

2. 授業展開例

　封筒の中にどんなカードが入っているかは何も伝えずに授業を始めます。

T　今日は，くじ引きをしましょう。
C　やったぁ，くじ引きだ！
T　では，引いていきましょう。

子どもたちが引いた順番にカードを黒板に貼っていきます。

C　先生，あたりのカードを並べ替えたいよ。
T　えっ，どういうこと？　「並べ替えたい」
　　っていう人がいるんだけど，その気持ち
　　わかるかな？
C　わかる！
C　う～ん，わからないなぁ…。
T　わからないって言う人もいるんだけど，どこに注目すればいいのかな？

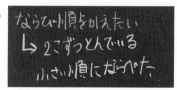

　　分子の数に着目することをクラスで共有します。バラバラに並んでいた5
枚のあたりのカードを順番に並べ替えると，また違った視点でカードを見始
めます。

C　あたりのカードの共通点があるよ！
T　どういうこと？　「あたりのカード
　　に共通点がある」って言ってる人が
　　いるんだけど，それが見えている人
　　はいますか？

C　う～ん，わからないなぁ…。
T　では，今から何を考えていきたいですか？
C　あたりの共通点について考えたいです！
T　よし，それではそれを今日の問いにしましょう。あたりにはどんな共通
　　点があるのかな？

　　こうして自分たちで問いをつくり，その問いをまずは各自で考えます。

T　何か共通点を見つけられましたか？

C 分母÷分子をすると共通点が見えるよ。

C 本当だ！ 2÷1＝2，4÷2＝2…って全部2になってる！

C 他にもあるよ。3年生のときに分数をテープ図で表したでしょ？ それを使うとわかるよ。

C あっ，全部まっすぐな線になってる。

C 全部半分だ！

C 5つのカードは見た目が全然違うのに，全部大きさが同じなんだね。

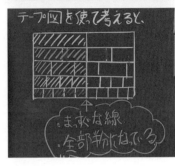

C あっ！ はずれの中にもペアになるカードがあるよ。

本時の学習について，振り返ります。

T 今日の学習でわかったことは何ですか？

C あたりの共通点がわかったよ。

C 見た目が違っても大きさが同じになる分数があることがわかった。

本時の学習を発展させる問いを投げかけます。

T 今日の問題を広げるとしたらどんなことを考えたいですか？

C 「はずれの分数のペアをさがそう」かな。

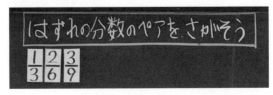

C 白紙のカードがあるから，あたりのカードを増やしたい！

C 同じ大きさの分数のつくり方を考えたいな。

マッチは何本？

[隠す]

4年／変わり方調べ

元の問題

　マッチを使って正方形をつくり，横に並べていきます。

(1)正方形とマッチの本数がどのように変わるか調べましょう。

(2)正方形が1個増えると，マッチの数は何本増えるでしょう。

(3)正方形を8個つくるには，マッチは何本いるでしょう。

アレンジ
[隠す]
▼

　マッチは何本あるでしょう。

　（マッチが正方形に並んでいる画像を3〜4秒提示し，画像を隠した後で問います。

　正方形の数を1つ，2つ，3つ，4つと1つずつ増やして提示した後，正方形が8つの画像を提示して，マッチの総数を考えさせます）

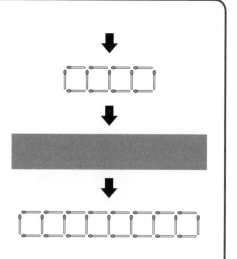

1. 「学びに向かう力」を高める教材アレンジの工夫

①画像を隠してから「マッチは何本?」と問う

　元の問題のように「正方形を8個つくるには，マッチは何本いるでしょう」と問うと，マッチの数と正方形の数が伴って変わる量であることを指導者が示してしまうことになります。マッチを正方形に並べた画像を子どもに見せ，それを隠した後で「マッチは何本?」と問う展開とすることで，マッチの数を数えていたのでは間に合わなくなった子どもたちが，マッチの数に伴って変わる正方形の数に自然に着目し始めます。

②正方形が1～4つの場合を順に提示し，きまりを見つける姿を引き出す

　正方形が1～4つの場合を順に提示し，数を確認することで，「正方形が1つ増えると，マッチの数は何本増えるでしょう?」と発問しなくても，多くの子どもがマッチが3本ずつ増えるという変化のきまりに気づき，問題解決に活用することができます。

2. 授業展開例

T　これから画面にマッチを並べた絵を映すので，みなさんは画面に何本のマッチがあるか数えてください。ただし，絵を見せるのは，先生が1，2，3と，3つ数える間だけです。用意はいいですか?
　　（マッチ4本でつくった正方形の図を見せる）

T　マッチは何本ありましたか?　みんなで同時に言ってみましょう。

C　4本!

T　みんな4本だと言っていますね。どんなふうに並んでいたか，黒板につくれる人はいますか?

T　では，第2問です。マッチは何本?
　　（マッチ7本でつくった2つの正方形の図を見せる）

C　8本だ!

C　7本じゃない？

T　8本と言う人と7本だと言う人がいますね。どのように並んでいました
　　か？　だれか並べてください。

　代表の子どもが黒板にマッチ7本を並べた後は，4本の場合と同様に画面
で答えを確認し，第3問としてマッチ10本でつくった3つの正方形の図，第
4問としてマッチ13本でつくった4つの正方形の図を提示し，同じように確
認します。

T　みなさん，数えるのが上手ですね。続いて第5問です。
　　（マッチ25本でつくった正方形8個の図を見せる）
C　えーっ，わかんないよ！
C　もう1回見せてください！
T　「もう1回見せて」と言う人が多いので，もう1回見せますね。
　　（同じ図をもう1度見せる）
T　先生は，マッチの数を聞いているのだけど，みんなの様子を見ていたら，
　　マッチではない他のものを数えている人がいました。マッチ以外のもの
　　を数えていた人，何を数えていたのか教えてください。
C　マッチでつくった四角の数。
C　四角の真ん中のマッチの数。

　発表の際には，黒板上の図を用いて，どの数のことを言っているのかをす
べての子どもが理解できるようにします。その後，どの方法が考えやすいか
を問い，多くの子どもがわかりやすいと感じた考えから取り上げます。自力
解決の前に，画面をもう一度提示し，四角が8個であることを確認します。

T　四角の数がわかれば，マッチの数がわかるということでしたね。四角の
　　数は8個でした。マッチは何本あったか，考えてみましょう。

T 図をかいて考えている人がたくさんいますね。図にして考えるのはとてもいいですね。

C 図をかかなくても，マッチの数がわかります。

C 四角が1個のときはマッチが4本で，2個のときは7本，3個のときは10本，4個のときは13本と，3本ずつ増えているから，四角が8個のときは25本とわかります。

C 四角が1つ増えると，マッチは3本増えます。

T 四角5個まではたまたま3本ずつ増えていただけかもしれませんよ。

C 最初に4本で四角が1個できていて，2個目の四角をつくるに

は隣の四角とくっついているから，3本でできて，それがどんどんつながっていくから四角が1個増えると，マッチは3本増えます。

C 1＋3×8＝25と，計算でも求めることができます。

T この式の意味がわかりますか？

C 最初の1は左端のマッチのことで，3×8の3は3本増えたマッチ，8は四角が8個ということです。

T 今日，みなさんはマッチを1本1本数えなくても，「四角が1つ増えると，マッチが3本増える」というきまりを見つけて，マッチの数を求めることができましたね。

次の問題もできるかな？

（正方形が18個並んだ図を見せる）

C 四角の数を数えれば，マッチの数がわかります。

Ｌ字型の図形の面積を求めよう！

［隠す］［考察の視点を与える］
4年／面積のはかり方と表し方

元の問題

右のような形の面積を求めましょう。

アレンジ
［隠す(1)］［考察の視点を与える(3)］

▼

(1)右のような形の面積を求めましょう。

→このままでは，図形が隠れていて面積を
　求めることはできない。

→もしも長方形だったら…

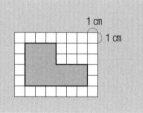

(2)右のような形の面積を求めましょう。

(3)右のような形の面積を求めたいと思います。
　例えば，Ｌ字型の面積の求め方で使えるも
　のはありませんか。どうして同じ式で求め
　ることができますか。

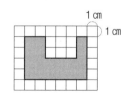

1. 「学びに向かう力」を高める教材アレンジの工夫

①一部を隠すことで，長方形の面積が何によって決まるのかを考えさせ，L字型の面積の解決へとつなげる

　右のような一部を隠した図形を示し，面積を問います。「隠れているからわからないよ」という声の中，「もしも長方形なら…」という声を取り上げ，「長方形だったら求めることができる？」と問います。そして，長方形の面積はたてと横の

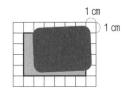

長さでわかることを確認し，示された図形を長方形とみて面積を求めます。この活動を通して求積方法を確認し，L字型の面積の解決へとつなげます。

②L字型の面積を求める過程において，"式をよむ"活動を丁寧に扱う

　L字型の図形の求積方法を共有する際には，式をよむ活動を丁寧に行い，それぞれの数値（式）が何を表しているのかを図と関係づけながら理解させていくようにします。その過程で，「なぜそのように考えたの？」「どうしてこの方法で面積を求めようと思ったの？」と問い，その子のアイデア（考えや思い）を聴き合うようにしていきます。さらには，友だちの式をよむというやりとりの中で，友だちの考え方を知り，自分と友だちの捉え方の違い（同じ）におもしろさや楽しさを感じさせていきます。

③さらに「同じ式で求められる」という視点から，図形を統合的にみる

　求積後は，面積を求める際に用いた式を基に図形を統合的に捉えます。例えば，右の凹型図形の面積を求める式の1つに4×6－2×3があります。先のL字型の面積も同様の式で求められました。同じ

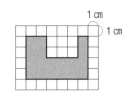

式という視点から2つの図形を関係づけるとともに，他にも4×6－2×3の式で求められる図形はないかを考えます。

2. 授業展開例

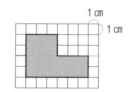

T この形の面積を求めたいと思います。

C 隠れている部分があって求められないよ…

C もしも長方形だったら求められるよ。

T もしも長方形だったら，形が全部見えなくても面積を求められるの？

C たてと横の長さがわかれば，長方形の面積は求めることができる。

C たてが4cm，横が6cmだから，4×6＝24で，24cm²になる。

この後，隠していた部分を見せ，L字型の面積を求めるように伝えます。自力解決の際には，図と式を関係づけて考えを示している姿を価値づけていきます。考えを共有する場面では，式を発表させ，その式をよむことで，どのように考えたのかを共有していくようにします。

T まずは，求めた面積を聞きます。面積はいくつになりましたか？

C 18cm²。

T どのように求めましたか。式を教えてください。

C 4×6－2×3

T 4×6－2×3の式からどうやって求めたかわかりますか？ わかる人？ ちょっと悩み中という人？

T どのように求めたのだろうと悩んでいる人もいますね。では，だれか，ヒントを出してください。

C 長方形とみて，そこからひく。

T 「長方形とみて，そこからひく」だそうです。このヒントでピンときましたか？ では，隣同士説明し合ってください。

C （隣同士説明し合う）

T それでは前に出て説明をしてください。

　必要に応じてヒントを出したり，隣同士説明し合ったりしながら式をよみ，求め方を共有していきます。その後，それぞれの方法を振り返り，求め方に共通するアイデアを確認し，最後に，もう１つ図形を示します。

T いくつか面積の求め方が出されましたが，それぞれの求め方に共通するアイデアは何ですか？

C 面積を求めることができる長方形や正方形にする。

T では，もう１つ，これを見てください。
（右図を示ししばらく時間を取る）
面積を求めたいと思いますが，例えば，Ｌ字型
の面積の求め方で使えるものはありませんか？

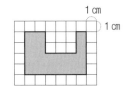

C ある。４×６－２×３で求められる。

T ４×６－２×３でどうして求められるの？

C ４×６の長方形から２×３の小さい長方形をひいているから同じ考え。

C ２×３の白い部分（空白）が移動しただけだから，同じ４×６－２×３という式になる。

　上記のやりとりを基に，さらに個々に考えて授業を終えます。

T Ｌ字型の面積も，この凹型の面積も，２×３の白い部分（空白）が移動しただけと考えれば，同じ４×６－２×３という式で求められました。他にも，４×６－２×３の式で面積を求められるような形はありますか？　考えてノートに書いてみましょう。

C （ノートに４×６－２×３の式で面積を求められるような形をかく）

小島　美和

リボンは何本とれる？
［考察の対象をつくる］
4年／小数のかけ算とわり算

元の問題

　46.9÷3の筆算をして，商は一の位まで求め，あまりも出しましょう。

アレンジ
［考察の対象をつくる］
▼

紙テープがあります。
長さは13.6mです。
この紙テープを4mずつ切ります。
紙テープは何本とれますか。

1. 「学びに向かう力」を高める教材アレンジの工夫

①商をどこまで求めるとよいか考えられる問題や数値設定にする

　「13.6÷4＝3.4」のように，わり進めばわりきれる数値設定にしておきます。また，問題として，4mの紙テープが何本とれるかを問うことで，商をどこまで求めると問題の答えとして適しているのかを考えられるようにします。

②図に表して考えられる問題場面にする

　筆算の式だけ示し，指定された位まで商を求め，あまりを考える問題ではなく，「13.6mから４mの長さの紙テープが何本とれるか」と問うことで，具体的な場面がイメージできるようにしました。こうすることで，子どもの考えが分かれた際に，解決のために自然と図を活用しようとする展開につなげられると考えました。

2. 授業展開例

T　まずは，この紙テープを見てください。

　　（実際に紙テープを見せて，場面をイメージしやすくする）

C　長そう。

C　どのくらいの長さなの？

T　13.6mあります。これを４mずつに切ります。紙テープは何本とれますか？

C　簡単だよ。

C　わり算だ！

　　わり算になる理由を聞き，４mずつ等しく分けることを板書に残しておきます。

C　筆算をして解きました。

　　13.6÷4＝3.4だから，答えは3.4本です。（①）

C　式は一緒だけど，答えにあまりが出たよ。

C　ぼくも。3本であまり16m。（②）

C　違うよ。私は，3本であまり1.6mになったよ。（③）

T　答えが分かれましたね。詳しく見ていきましょう。

子どもの考えを丁寧に見直し，問題文を振り返りながら，どこまで商を求めるのか，あまりをどう表すのかについて考えていきます。

C　絶対に違うと思う答え方があります。
C　あまりが16mって長すぎます。
T　○○さんが言っていること，わかりますか？
C　最初の長さが，13.6mしかないのに，4mずつ3本とってあまりが16mもあるのは変です。
C　わられる数よりあまりが長くなるのはありえないよ。
T　図にかいてわかりやすく表せますか？

　ノートに図をかかせることで，4mずつを3本とったあまりが16mにならないことを説明できるようにします。

T　答えが2つのどちらかになりましたね。
C　今の図で，どっちが正しいか説明できます。
C　4mずつ3本とったら4×3で12mになるから，13.6−12=1.6であまりが1.6mになります。
T　じゃあ，①の3.4本っていう答えはどういうこと？　この図のどこなのかな？

　3.4本のうち，3本は4mずつとれるけれど，0.4本となる部分は4mとれないことを図で確認します。

T　4mずつ何本とれるかという問題だから，答えは必ず整数になりますね。

T では，みんなが書いた筆算を見直してみよう。

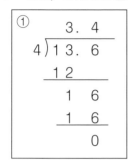

先の図と筆算を関連づけ，あまりのあるわり算の筆算の手順を確認します。

C ①はあまりが0になるまでわり進めて商を出したけど，今回はわり進めることができない問題だからこの筆算は違うね。

T 「わり進めることができない問題」ってどういうこと？

C 4mずつ何本とれるかだから，必ず整数にならないといけない。

T ②は商が整数になるってところはよかったですよね？

C でも，あまりがわられる数より長くなっているのはおかしいから違う。

T あまりがわられる数より大きくなった理由はなんだっけ？

C あまりの小数点を忘れちゃったから。

C あまりを出すときには，わられる数の小数点をそのまま下ろしてくるといい。

T では，今日の問題にぴったりな筆算はどれですか？

C ③がぴったり。

T 今日の学習で大事だったことは何かな？

C 問題によってはわり進めないでいいものもある。

C 商が整数まででであまりを出すときもある。

C あまりに小数点をつけ忘れないようにする。

T あまりがわられる数より大きくなっていないか確認するのが大事ですね。

松瀬　仁

一番大きな箱をつくるには？

［考察の対象をつくる］

5年／直方体，立方体の体積

元の問題

次の直方体や立方体の
体積を求めましょう。

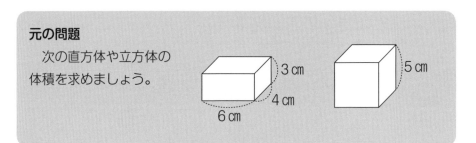

3 cm
4 cm
6 cm

5 cm

アレンジ
［考察の対象をつくる］

▼

たて23cm，横16cmの長方形の紙を1枚使い，直方体か立方体の箱を1
つつくります。一番大きな箱をつくった人が優勝です。

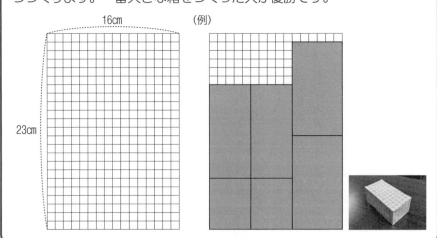

16cm

23cm

（例）

1. 「学びに向かう力」を高める教材アレンジの工夫

①実際に箱をつくり大きさを競うことで，体積を求める必要感をもたせる

　体積について学習した後，直方体や立方体の体積を辺の長さに着目して計算で求めるための公式を見いだしていく場面です。ここでは，1枚の紙を与え，この紙を材料にだれが一番大きな箱をつくれるか競う展開とすることで，子どもの体積を知りたいという意欲や，どうすると簡単に求めることができるかという求め方の工夫を引き出すことをねらいとしています。

②自分や友だちの予想とのずれを引き出す

　多くの子どもは，大きな箱をつくるために，なるべく紙のあまりが出ないように，つまり箱の表面積がなるべく大きくなるようにしようと考えます。よい考えですが，ここが子どもの予想とのずれのポイントで，表面積が大きくなるからといって，直方体の体積も必ず大きくなるかと言えば，そうではありません。友だちがつくった箱と比べたり，どのように考えてつくったかを対話したりしていく中で，そのずれを発見させ，理解を深めていきます。

　なお，本実践は新型コロナウイルスの影響で，事前に家庭学習として箱づくりの課題を出し，後日 Zoom とロイロノートを用いて授業を行いました。

2. 授業展開例

　事前に箱づくりの課題を出し，つくった箱の写真をロイロノートで送ってもらいます。

T　それでは，みんながつくった箱の写真を見てみましょう。だれの箱が一番大きいかな？（写真の一覧を見せる）

　子どもから，「写真だとわかりづらいので辺の長さが知りたい」という発言が出たので，どうして長さが知りたいのか問い返します。

T　どうして辺の長さを知りたいのかな？

C　だって，たての長さと横の長さがわかれば，下の段にいくつ1 cm³が並ぶかわかるから，あと高さがわかれば全部でいくつ必要かわかる。

C　たてと横と高さがわかれば，たて×横×高さで体積を求められる。

　Zoom を用いていたので，画面に自分でつくった箱を映しながら，たてと横と高さがわかれば計算で求められることを説明しました。

T　では，それぞれの写真に，たてと横と高さの長さを書き込んでみよう。だれが一番大きくなりそう？

C　立方体が大きそう。

T　体積を計算してどの箱が大きくなるのか調べてみよう。

C　7 cm，8 cm，8 cmの直方体が7 × 8 × 8 ＝448（cm³）で一番大きい。

　一番大きい箱がわかったところで，グループで自分が箱をつくるときに意識したことや，友だちの箱と大きさ比べをして気づいたことなどを話し合う時間を設けます。

T　では，グループの話し合いの中でどんな話題が出たか発表してください。

C　私は立方体が大きくなると思って，1辺が8 cmの立方体では紙が足りないから，1辺が7 cmの立方体にしたけど，もっと大きいのができた。

C　私も，最初は同じように1辺が7 cmの立方体を考えたけど，まだ紙のあ

まりがあったので，その分を使うようにしたら，7 cm，8 cm，8 cmの直方体を見つけることができた。

T なるほど。できるだけ紙のあまりを出さないようにして箱をつくるようにしたんですね。使った紙の面積は，立体にしたときの面の面積の和と同じです。この面積のことを「表面積」と言います。なるべく表面積が大きくなるように考えたのですね。同じように考えた人はいますか？

　表面積という言葉を紹介し，同じように表面積を大きくしようとして考えた人について尋ねると，多くの子どもが手をあげました。そこで，7 cm，8 cm，8 cmの直方体や1辺が7 cmの立方体の表面積を図とともに確認します。

C 7 cm，8 cm，8 cmの直方体の方が上手に紙を使っている。

T そうですね。では，これとは違い平らな箱を考えていた人もいましたが，それはどうしてかな？

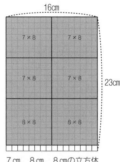
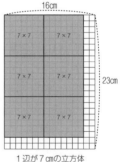

7 cm，8 cm，8 cmの立方体　　1辺が7 cmの立方体

C 私は，なるべく紙をあまりなく使おうと思って，たて22 cm横7 cm高さ1 cmの直方体にしたけど，体積を計算すると22×7×1 ＝154で小さくなってしまった。

C でもこれだと紙が2 cm²しかあまっていない。

T 本当ですね。今日の学習でわかったことをまとめましょう。

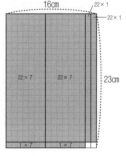

C 表面積が大きくても体積が大きくなるとは限らない。

C 平らな直方体よりも立方体に近い直方体の方が，体積が大きくなる。

青山　尚司

同じ三角形を見つけよう！
［迷う場面にする］
5年／合同な図形

元の問題

（数種類の三角形や四角形を提示して）
形も大きさも同じ図形はどれでしょう。

アレンジ
［迷う場面にする］
▼

（あ〜しの三角形（左）と，赤い三角形（右）を提示して）
赤い三角形と「同じ三角形」はどれでしょう。

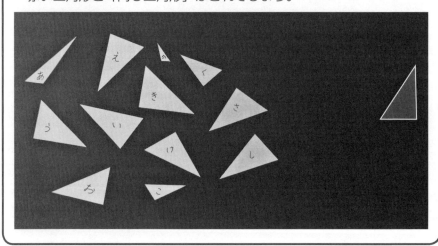

1. 「学びに向かう力」を高める教材アレンジの工夫

①全員で観察する場面を設定する

　子どもの手元に図を配付すると，すぐに重ねる操作や長さや角度の測定を行ってしまい，意味の吟味が希薄になってしまいます。そこで，共通の図形を黒板上に提示し，全員でじっくりと観察して判断する場面を設定します。このことによって，解決過程をつくり上げていく姿勢を育てることもねらっています。

　また，図形は多めに用意し，明らかに合同ではないものと，合同かどうか迷うものとが二分されるようにしておきます。答えとなる合同な図形も，１つではなく，裏返しになっているものも含めておきます。

②「同じ」の意味を子どもたち自身に決定させる

　２つの図形がぴったり重なるとき，つまり，形も大きさも同じであるとき，この２つの図形は合同であると言えます。しかし，ただ図形を与えて，「形も大きさも同じ図形はどれでしょう」「ぴったり重ね合わせることができる図形はどれでしょう」と発問するのでは，解決するためのプロセスを与え，結果だけを見いださせる活動になってしまいます。①とも関連しますが，できる限り観察を通して子どもの口から「同じ」という言葉を引き出し，その意味を問うことで目的を焦点化し，主体的な活動としたいところです。

③友だちとの交流を通して適用問題を行い，意味理解を深める

　適用問題として様々な図形を１人に１枚ずつ配り，自分の図形と合同な図形を持った友だちを探す活動を行います。この活動で子どもたちは，様々な友だちと図形を重ね合い，ぴったりと重なる図形を探しながら合同の意味理解を深めていくことをねらいます。その際，「重ねずに合同な図形を持った友だちを探す」というルールにすると，対応する辺の長さや角の大きさを聞き合う言語活動を展開することができます。

2. 授業展開例

㋐～㋛の12個の三角形と，１つの赤い三角形を黒板に貼ります。

C　全部三角形だけどいろいろな形があるね。
C　㋐～㋛の三角形の中に，赤と同じ三角形がありそうだ。
T　「同じ三角形」とはどういう意味ですか？
C　形が同じ。　　C　大きさが同じ。　　C　辺の長さが同じ。

　「同じ」の捉え方を話し合い，今回は「形も大きさも同じ」ものを探して
いく活動であることを共有してから弁別に入ります。
　最初は，視覚だけでの判断を促します。㋐～㋛の中には，明らかに合同で
はない三角形を入れておき，そこから構成要素への着目を促します。

T　では，赤い三角形と形も大きさも同じ三角形はどれだと思いますか？
C　どう見ても大きさや形が違うのは除こう。
C　㋕㋗㋘は，見るからに赤よりも小さいので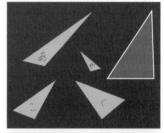
　違います。
C　㋐は細長いので形が違います。
C　重ねてみれば簡単にわかります。

　辺の長さや角の大きさに着目した発言があっ
た場合，それらを認め，重ねることで確認をす
る流れにするとよいでしょう。

C　残ったものはみんな似ているから迷うね。
C　重ねてみないとわからない。
T　では，重ねる前によく見てください。どれが同じだと思いますか？

C　⒧かな？

C　⑰だと思う。

C　㋐が同じに見えるよ。

　同じように見えても，ぴったり重ならないものは同じ（合同な）三角形ではないことを実感できるように展開していきます。

T　では，実際に重ねて確かめてみよう。

C　あれ？　⒧は同じに見えたけど，ほんの少しだけどずれているね。

C　向きが違うとだまされやすいね。

C　㋑は裏返してたらぴったり重なるよ。

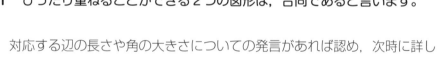

C　見た目ではなく長さや角度がぴったりかを確認するといいかもしれない。

T　ぴったり重ねることができる２つの図形は，合同であると言います。

　対応する辺の長さや角の大きさについての発言があれば認め，次時に詳しく扱うことを伝えます。

　合同の意味を確認したら，全員に図形を配付します。２枚ずつ合同になるようにしておき，自分の図形と合同な図形を持っている友だちを探す活動を行います。

T　今から全員に三角形の紙を配ります。自分の三角形と合同な三角形を持っている人を探しましょう。

　ぴったり重なることを全員が確認しながら，合同の意味理解を深めていくことをねらいます。クラスの半分には赤，もう半分には黄色を配付し，赤と黄色で合同のペアを探す活動にすると互いに見つけやすくなります。

しきつめることができる四角形は何種類？
［迷う場面にする］
5年／図形の角

元の問題

　右の四角形は，すきまなくしきつめられる
でしょうか。

アレンジ
［迷う場面にする］
▼

　今までに学習した四角形の中で，すきまなくしきつめることのできる
四角形は何種類あるでしょうか。

〔一般四角形〕　　〔正方形〕　　〔長方形〕

〔平行四辺形〕　　〔ひし形〕　　〔台形〕

1. 「学びに向かう力」を高める教材アレンジの工夫

①考える対象を増やし，迷う場面をつくる

　結論から言えば，四角形はどんな四角形でも，すきまなくしきつめることができます。また，その理由は四角形の内角の和が360°であることを使えば演繹的に説明できます。この授業では，しきつめるという作業に多くの時間を使うのではなく「なぜすべての四角形はすきまなくしきつめることができるのか」という問いを子どもたちから引き出し，既習を使いながら演繹的に説明できるような授業にしたいと考えました。

　教科書では，「不等辺の四角形はしきつめることができるか」のみを話題としています。しかし，今回は「今まで学習した四角形の中で，しきつめられる四角形が何種類あるか」と，考える対象を増やし，迷う場面をつくる展開としました。迷う場面にすることで，目の前の問題をただ順番に解いていくのではなく「何種類しきつめることができそうか」と一人ひとりの立場を明確にし，立場の違いを明らかにします。こうして立場の違いが生まれることで，「だったら，調べてみよう」と子どもたちの学びに向かう力が高まります。

②共通点を問い，既習を基にした演繹的な説明を引き出す

　すべての四角形がしきつめられることを確認した後には，「どうしてどんな四角形でもしきつめられるのか」を考えさせます。その際に，正方形→長方形→…→不等辺の四角形と，1つずつ説明させるのではなく「しきつめ方に共通点はありますか？」と共通点を問います。そうして，どの四角形もそれぞれ4つの角を集めて360°をつくってしきつめていることに気づかせ，演繹的な説明を引き出していきます。また，子どもの実態によっては「正三角形だったら？　正六角形だったら？」と条件を変えて取り組む授業展開も考えられます。その場合にも，しきつめられる図形の共通点を問うことで，360°が1つの点に集まっていることに気づかせることができます。

2. 授業展開例

寄木細工（しきつめの例）の写真を提示し，しきつめの意味を確認します。

T　この写真は何でしょう？
C　寄木細工！　社会で勉強した。きれいだね。
T　どうしてきれいだと思った？
C　同じ形で組み合わさってて，模様が均一。

子どもたちとしきつめの意味を確認し，本時の問題を提示します。

T　では，今までに学習した四角形の中で，すきまなくしきつめることのできる四角形は何種類あるでしょうか。
C　今までに学習した四角形は6種類だったね。
C　4年生で学習したしきつめの授業を思い出してみるとよさそうだな。
C　しきつめることができるのは，5種類だと思う。
C　いや，全部しきつめることができるんじゃないかな。

これまで学習した四角形を振り返りながら，何種類しきつめることができるか予想します。

T　では，確実にしきつめることができる四角形はどれですか？
C　正方形は確実だよ。
C　だって，ノートのマス目は正方形でしきつめられているよ。
C　だったら，長方形もしきつめられるんじゃないかな。

4年生までに正方形や長方形，平行四辺形のしきつめは体験しているので，一人ひとりに操作させるのではなく，黒板にしきつめて既習を確認します。

T　（台形と一般四角形を残して）では，残りもしきつめられそうかな？

C　1組も同じ長さの辺や角がないから，しきつめられない気がします。

C　やってみないとわからないよ。調べてみたいな。

　　台形と一般四角形をしきつめて，全種類できることを確認します。

C　四角形は全種類しきつめることができるんだ。なぜだろう…

C　どうして四角形は全種類しきつめることができるのかな。

T　しきつめ方に共通点はありませんか？

C　どの四角形も1つの点に4つの角を集め
　　ています。

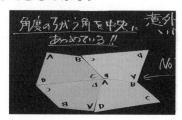

C　それぞれ4つの角を集めているよ。

　　どんな四角形もしきつめることのできる理由について考えます。

T　どの種類のしきつめも，1つの点に4つの角を集めているね。見つけた
　　共通点を使って，四角形がすべてしきつめられることを説明できる？

C　あっ，4つの角が集まって360°ができているよ！

C　四角形の4つの角の大きさの和は360°だから，4つの角を1つの点に集
　　めれば，どんな四角形でもしきつめることができると思います。

C　前に学んだ四角形の角の大きさの和の学習を使えば説明できるね。

　　本時の学習を振り返ります。

C　最初は5種類だと思ったけど，四角形の角の大きさの和が360°だからど
　　んな四角形もしきつめられることがわかりました。

C　五角形や六角形などの多角形でも，調べてみたいな。

前田　健太

どちらが多くカードをとれる？
［ゲーム化する］
5年／偶数と奇数，倍数と約数

元の問題

りんご12個を何人かの子どもに同じ数ずつ分けます。あまりが出ないように分けられるのは，子どもの人数が何人のときでしょう。

アレンジ
［ゲーム化する］
▼

下のような7枚の数カードがあります。

$$\boxed{1}\ \boxed{2}\ \boxed{3}\ \boxed{4}\ \boxed{5}\ \boxed{8}\ \boxed{16}$$

先生は「12をわりきれる数」を取ることができて，みんなは「16をわりきれる数」を取ることができます。

先生とみんなと交互に取っていき，最後にカードを多く取った方の勝ちです。

---

1. 「学びに向かう力」を高める教材アレンジの工夫

①対戦型のゲームにする

ゲーム化する一番のメリットは，やはりなんといっても子どもの意欲を引き出すことができるということです。普段，算数に対してあまり前向きでない子が少し動き出すきっかけにもなります。算数の内容とは関係ない部分か

もしれませんが，そもそも子どもたちが動き出さなければ，授業は成立しません。元の問題と比べて，間違いなく子どもたちが動き出す姿が想像できるのではないかと思います。また，今回は，対戦型のゲームにすることで，「絶対に負けたくない！」という気持ちが生まれ，必勝法を探したくなります。その必勝法を見つけていく過程にこそ，本時で迫りたい算数的内容が実は含まれているのです。

②授業後の学びを見据える

　授業後に，必勝法（授業の核となる内容）を使いながら仲間や家族と何度もゲームを繰り返すことが，実は習熟につながっています。教科書の数値替えのような問題と比べて，どちらの方が子どもたちが「やりたい！」と感じるかは明らかでしょう。さらに，同じルールで飽きてきてしまった子は，新しいゲームをつくろうとします。その際に，様々な条件を考えていくでしょう。それが知らぬ間に，授業の発展や振り返りにもなっているのです（今回の場合であれば，枚数やどんな数のカードを用意するのかなど）。

2. 授業展開例

　　①②③④⑤⑧⑯の7枚のカードを黒板に並べます。

T　今日は，この7枚のカードを使って，ゲームをします。先生は「12をわりきれる数」を，みんなは「16をわりきれる数」を交互に取っていきます。そして，すべてカードを取り終えたときに，カードが多い方が勝ちです。

C　絶対に勝つぞ！

T　まずは先生からやりますね。④を取ろうかな。

C　ぼくは⑧にします。

T　う～ん，じゃあ②にしようかな。

C　16をわりきれる数だから，一番大きい⑯を取ろう。

T $\boxed{1}$ を取りますね。

C あれ？　取れるカードがもうないよ（$\boxed{3}$ と $\boxed{6}$ だけが残されている）。パスするしかないよ…。

T ということは，もう先生が残りの $\boxed{3}$ と $\boxed{6}$ をもらえるってことだね。先生は 5 枚，みんなは 2 枚だから，先生の勝利ですね。やったー！

C ひどい！　先生は絶対なんか仕組んでる。今度は，ぼくたちが先攻でやらせてよ。

先攻と後攻を入れ替えてもう一戦行います。

T わかった。今度はみんなが先攻でやってみよう。

C これで今度は勝ったね。

C $\boxed{1}$

T $\boxed{2}$

C $\boxed{8}$

T $\boxed{4}$

C $\boxed{16}$

T $\boxed{3}$

C あれ？　$\boxed{6}$ は取れないからパスだ。また負けた…。

T ほら，先生はズルなんかしていなかったでしょ？

C いや，怪しい！

T では，どうやったら勝てるか考えながら，隣同士でやってみよう。

隣同士で対戦させると，少しずつ必勝法につながる声が聞こえてきます。

C 先生は $\boxed{2}$ 　$\boxed{4}$ を取ってたな。

C これって，結局 3 枚勝負じゃん！

T 3 枚勝負ってどういうこと？　7 枚あるんだから，7 枚勝負でしょ？

C 3枚取るかどうかで勝ち負けが決まるってこと。

T どの3枚なの?

C 1　2　4の3枚です。

T そんなわけないでしょ!?

C だって,7枚の中で1　2　4
だけが先生もぼくたちも取れる
カード。つまり,12と16を両方
わりきれる。

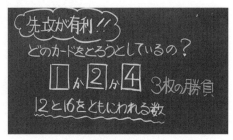

C (カードを並べながら)3　6は,12をわりきれる数だけど,16をわり
きれないからもともと先生しか取れないし,8　16は16をわりきれる
数だけど,12をわりきれないから私たちだけしか取れない。だから,こ
の4枚は勝負には関係ない。

　子どもが言っていることを,カー
ドを使ってベン図のように整理し,
用語を押さえます。

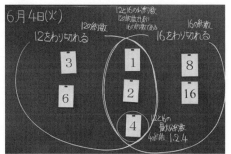

T 今日いろいろ出てきたものには,
名前がついています。

T 先生が取っていた12をわりきれ
る数のことを「12の約数」といいます。そして,みんなが取っていた16
でわりきれる数のことを「16の約数」といいます。

C じゃあ,今日は12と16のどちらの約数にもなっていたものが,キーポイ
ントだったんだね。

T そうだね。そのキーポイントにも,実は名前がついていて,12と16のど
ちらの約数にもなっている数を,「12と16の公約数」と言います。

C もう1回,ゲームやってみたい!

優勝するのはどの先生？
［考察の視点を与える］
5年／割合

元の問題

　A，B，Cの3人で，バスケットボールのフリースロー対決を行いました。

　3人の中で，だれが一番うまいと言えますか。

	投げた回数	入った回数
A	8	3
B	8	4
C	7	3

アレンジ
［考察の視点を与える］
▼

　A，W，O，Kの4人の先生がトーナメント方式で，バスケットボールのフリースロー対決を行いました。

A　W　O　K

(1)AとWはどちらがうまいでしょう。

	投げた回数	入った回数
A	6	3
W	6	4

(2)OとKはどちらがうまいでしょう。

	投げた回数	入った回数
O	8	6
K	9	6

(3)優勝するのはどちらでしょう。

	投げた回数	入った回数
W	6	4
O	8	6

1. 「学びに向かう力」を高める教材アレンジの工夫

①実際の映像を見せることで,「うまい」の条件を考えさせる

　何も言わずに, 2人の先生が実際にフリースローを行った映像を見せ,「どちらがうまいかな?」と発問します。すると, 子どもたちは「もう1回見せてほしい」と口々に言うでしょう。そこで, もう一度見せる前に,「もう一度, 何を見ようとしているのか」を問うことで,「投げた回数」と「入った回数」という「うまい」について考えるうえで必要な条件を引き出し, 全体で共有します。

②トーナメント方式にすることで考察の視点を与える

　元の問題では,「投げた回数がそろっているとき」「入った回数がそろっているとき」「どちらもそろっていないとき」の3つの場合を一人ひとりバラバラに考えていて議論が噛み合わなかったり, 3つの場合を整理しきれずついてこられない子どもが出てきたりします。そこで, 対戦をトーナメント方式にして, 第1試合「投げた回数がそろっているとき」, 第2試合「入った回数がそろっているとき」, 決勝戦「どちらもそろっていないとき」に分け, 問題を1つずつの場合に絞って話し合うことができるようにします。

2. 授業展開例

　何に着目するかを言わずに, フリースローの映像を見せます。

T　まず, この映像を見てください。
　　(2人のフリースローを見せる)

　子どもの「もう一度見せてほしい」という言葉を受けて, 着目するべきポイントを押さえ,「うまい」を考える条件を共有します。

T　A先生とW先生の2人に，バスケットボールのフリースロー対決をして
　　もらいました。どちらがうまいと言えそうですか？

C　もう一度見せてほしい。

T　もう一度，何を見ようとしているの？

C　「投げた回数」と「入った回数」。それがわかればうまさを判断できる。

　　そこでまず，「投げた回数」「入った回数」がそろっているときを考えます。

T　（投げた回数，入った回数を確認して）
　　どちらがうまいと言えそうですか？

C　投げた回数が同じで，入った回数が多
　　いから，W先生の方がうまいね。

T　言い忘れていました！　このフリースロー対決はトーナメント戦で，O
　　先生とK先生の対決もあります。その映像を見せますね。

C　やっぱり「投げた回数」と「入った回数」を見てないといけないね。

T　（2試合目の映像を見せた後，再び
　　投げた回数，入った回数を確認し）
　　どちらがうまいと言えそうですか？

C　先生，どうして投げた回数が違うんですか？

T　なるほど。実は投げる時間が決まっていて，その時間内であれば，何回
　　投げてもよいことにしていました。

C　そうなんだ。だったら，入った回数が同じならば，少ない回数を投げた
　　O先生の方がうまいと言えそうだね。

C　人口密度や通分の学習に似ているね。

　　最後に，どちらもそろっていない場合について考えます。

T　では，W先生とO先生で行う決勝戦について考えよう。どちらの先生が

120

うまいのかな？　ただ…，実は時間がなくて，まだ勝負できていません。

C　それじゃあ，どちらがうまいかわからないよ…。

C　でも，さっきの結果を基にすれば，予想はできそうだね。

C　6回中4回入ったW先生と，8回中6回入ったO先生だと，どちらがうまいのかな…？

C　差が2回で同じだから，どちらもうまさは同じじゃない？

C　でもさ，負けた2人も6回中3回と，9回中6回で，差は同じだけど，うまさは違うと思うよ。

C　たしかに，A先生は半分しか入っていないけど，K先生は半分以上入っているから，この場合はK先生の方がうまいと言えるよね。

C　差で比べたらおかしいんだね。

C　じゃあ，人口密度のときみたいに，6回と8回の最小公倍数の24回にそろえて考えたらどうかな？

C　W先生は6回中4回だから，24回投げると16回入るね。

C　でも，同じように入るとは限らないよ。

C　そうだけど，比例を仮定して考えないと，予想できないよ。

C　人口密度のときも，比例を仮定したから，今回もそう考えられそう。

C　O先生は24回投げると18回入るから，O先生の方がうまいと言えるね。

　本時の学習について，振り返ります。

T　今日は，フリースローのうまさについて考えてきましたが，どんな考え方が大切でしたか？

C　差で比べるとおかしい場合がある。

C　比例を仮定して，どちらかをそろえたら考えられる。

C　投げた回数をそろえて，入った回数で比べるとわかりやすい。

二等辺三角形が集まると？

［逆をたどる］［考察の視点を与える］

5年／正多角形と円周の長さ

元の問題

　円をかいた紙を折って，直線ＡＢで切り，開きます。

　どんな形ができるでしょう。

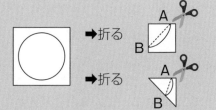

➡折る

➡折る

［逆をたどる］　アレンジ　［考察の視点を与える］

▼

二等辺三角形を円のまわりに集めて変身させます。

120°の場合

他の二等辺三角形の場合は，どんな図形になるでしょうか。

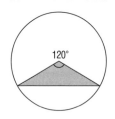

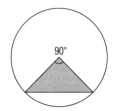

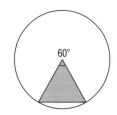

---

1. 「学びに向かう力」を高める教材アレンジの工夫

①逆の展開にすることで，二等辺三角形という考察の視点を与える

正多角形の導入の教材では，円をかいた紙を折ったりして，弦の部分で二等辺三角形になるように切り取り，開いてできる図形を考察するという展開が一般的です。簡単に正方形や正八角形，正六角形などができ，正多角形の性質などを考察できる一方で，折るという性質上，正三角形や正五角形がつくりにくいことや，子ども自身の力でこの先の作図の考えにつながる二等辺三角形に気づきにくいということがあげられます。そこで，折って開くのではなく，合同な二等辺三角形を並べてできる図形について考えていきます。合同な二等辺三角形という視点をもって正多角形を考察することで，辺の長さや角の大きさが等しくなるといった性質を，根拠をもって説明できるようにしていきます。

②中心角に着目して，「だったら…」と広げて考えられるようにする

最初に中心角（二等辺三角形の場合は頂角）を120°，90°，60°と30°ずつ小さくした3つの二等辺三角形を提示します。それぞれ合同な二等辺三角形を集めて正多角形に変身させると，正三角形，正方形（正四角形），正六角形になります。ここで，正五角形が抜けていることに目を向けさせます。

そこで，新たに「正五角形をつくるには，どんな二等辺三角形にしたらよいか」という問いが生まれます。中心角である360°を5等分するとできるという考えが見えてくると，「だったら，中心角を変えたらもっと他の正多角形もつくれる」と，子どもの方から二等辺三角形の角度を変えていろいろな正多角形を考えようと主体的に取り組んでいきます。

2. 授業展開例

まず，円に内接した120°，90°，60°の二等辺三角形を提示します。

T この３つの三角形に共通
していることは何かな？

C 二等辺三角形。

T どうして二等辺三角形と言えるの？

「どうして？」と根拠を問い返すことで，円の半径が等しいという既習の
図形の性質についても振り返っていきます。

T 今日は，これらの二等辺三角形を変身させます。どんな図形に変身する
のか考えていきましょう。まずは，120°の二等辺三角形を変身させてい
きます。

右のように，頂角が120°の二等辺三角形が３つ集まって
１つの正三角形になる様子を見せます。

C 正三角形になった。

T 本当に，正三角形と言えるのかな。

C 合同な二等辺三角形が集まっているから辺の長さが等しい。

C 三角形の内角の和は180°で，二等辺三角形の上の角が120°だから，（180
－120）÷２＝30で，残りの２つの角度は30°になる。変身した三角形は
それが２つずつ集まっているからそれぞれの角度が60°になる。

合同な二等辺三角形を根拠にして辺の長さや角の大きさが等しくなること
を説明できるようにします。その際，図形の構成要素である辺や角に着目し
たことを価値づけていきます。

T 90°の二等辺三角形ではどうかな？

C 正方形になる。

正方形（正四角形）になることについても同様に確認し，頂角が60°の二等辺三角形（正三角形）の場合を予想していきます。

T では，60°の二等辺三角形はどうなるか予想してみよう。
C 六角形になると思う。
T どうしてそう予想したのか，気持ちがわかるかな？
C 中心の角度は360°だから360÷60＝6で六角形。

T ただの六角形でいいかな？
C 辺の長さも等しくて，角の大きさも全部120°で等しくなっているから正六角形と言った方がいいと思う。

正六角形について確認できたところで正多角形の定義を押さえていきます。

T 本当だね。今回のようにすべての辺の長さが等しく，すべての角の大きさも等しい多角形のことをまとめて「正多角形」と言います。ところで，正三角形，正方形，正六角形はできたけど，正五角形はできないのかな。

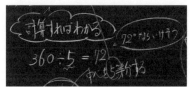

C 中心を5等分したらいい。
C 計算すればわかる。

実際に頂角が72°の二等辺三角形を円の中に作図してみて，正五角形になるか確認し，他の正多角形へと広げていきます。

C 72°でかいたら辺の長さが等しくなって角の大きさも等しくなるから正五角形がかける。
C だったら，他にもいろいろな正多角形ができる。
C 360°をわりきれれば他もできそう。

バランスのよい形はどれ？

［考察の対象をつくる］

6年／対称な図形

元の問題

2つの仲間に分けました。分けた図形の特徴を調べましょう。

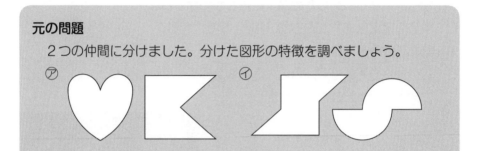

アレンジ
［考察の対象をつくる］

▼

次の形の中から，「バランスのよい形」を選びましょう。

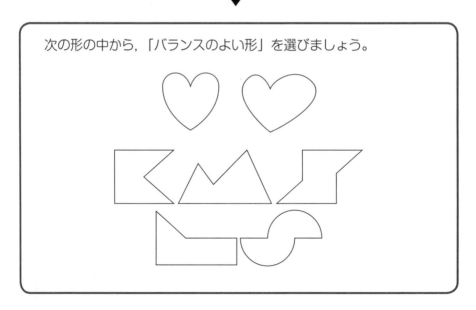

1. 「学びに向かう力」を高める教材アレンジの工夫

①対称な図形全体の特徴を考えさせる

　多くの場合，対称な図形の学習では，線対称な図形と点対称な図形の仲間分けをして，それぞれの図形の特徴を調べるという活動を行います。しかし，それでは既習とのつながりを意識することは難しいため，もっと大きく，対称な図形について考察する方が，既習とのつながりを意識しやすくなると考えます。

　図形を対称という観点で見るためには，合同という観点をもって図形を見直す必要があります。よって，対称な図形の学習においては，5年生で学習した合同な図形の内容を使って，新しく対称という図形を見る観点を獲得することに価値があるのです。

　このように，既習事項を使って，新しい知識を発見していくことで，「算数は，習ったことを使って考えれば，新しいことが発見できるんだ！」という学び方を学ばせることができます。

②何に着目すればよいかをわかりやすくする

　本時で最初に提示するのは，以下の2つのハートです。

　「どちらがバランスがよいですか？」と聞くと，子どもは左のハートを選択します。そこでその理由を問えば，対称についての話が出てきます。

　同じハートでも，対称に着目して考えるという視点を与えれば，次から提示する形に対しても，同じような視点をもって考えるようになります。そのためには，最初に日常的には同じと見ているものを提示して，その違いを考えさせる活動を入れることで，対称に着目しやすくなります。

2. 授業展開例

バランスのよい形を選ぶことだけ確認し，すぐに2つのハートを見せます。

T どちらのハートがバランスのよい形でしょうか？

C 左の方がバランスがよいです。だって，左右が
同じ形になっているからです。

C 真ん中の線でズバッと切ったり折ったりすると
ぴったり重なるからです。

ここで，線対称な図形が「バランスのよい形」という意識をもたせてから，
次の展開に移ります。

T では，次の5つの図形のうち，バランスのよい形はどれでしょうか。

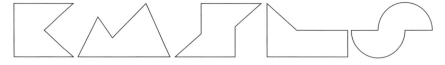

5つの図形を提示したら，すぐに自力解決の時間を取ります。集団検討で
は，左右対称になっていない線対称な図形から取り上げていきます。

C これは左右でぴったり重ならないから，バランス
のよい形ではないと思う。

C ここ（点線部分）で折れば重なるからいいんだよ。

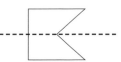

T　ぴったり重なるための真ん中の線があればいいんだね。

　次に，点対称な図形を取り上げ，バランスのよい形かどうかを考えます。

C　これは折っても重ならないから，バランスの
　　よい形ではないと思う。
C　でも，同じ形が２つあるよ。
C　でも，どこで折ればいいの？
C　折るんじゃなくて，ここ（点線部分）で切ればいいんだよ。切って回せ
　　ば，ぴったり重なるよ。

　本時の学習を振り返り，「バランスのよい形」とはどんな形なのかについ
て，子どもとやりとりしながらまとめていきます。

T　バランスのよい形というのは，どんな形のことかな？
C　同じ形が２つある形のことです。
T　同じ形というのは，今まで学習した言葉を使うと何かな？
C　合同な形。
C　180°回すとぴったり重なる形とも言えるよ！
C　いや，それだとならない形もある。
T　合同な形が２つある形はバランスのよい形のようですが，バランスのよ
　　い形の中でも，２種類に分けることができそうですね。

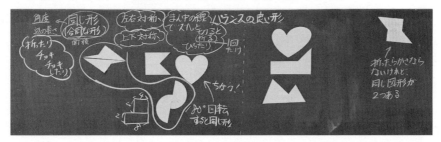

どの考え方を使っているのかな？
［考察の視点を与える］
6年／文字と式

元の問題

たての長さが4㎝の長方形があります。この長方形の横の長さと面積の関係を式に表しましょう。

4 ㎝

アレンジ
［考察の視点を与える］

▼

正方形の形に●が並んでいます。1辺に●が4個並んでいるときにみんなで見つけた求め方の中から1つ選んで，1辺に●が7個並んでいるときの●の数を求めましょう。

① 4×4−1×4
② 4×4−2×2
③ 3×4
④ 2×4+1×4

どの考え方を
使おうかな？

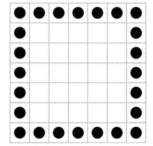

1. 「学びに向かう力」を高める教材アレンジの工夫

文字式で変数の x を導入する場合，教師側から x を指定して，x と y（従属変数）の関係を調べさせることが多いのですが，それでは x と y を使うよさが感じにくいと考えます。やはり，子ども自ら x と y を考える活動を取り入れることで，「x と y を使うと，考え方がわかりやすくなる」ということを実感させたいものです。

そこで本時は，正方形に並んだ●の数を工夫して求めるという問題場面を設定します。まずは右のような1辺に●が4つ並んでいる場面を提示します。

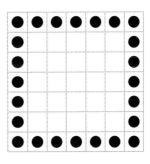

ここで，子どもはいろいろな工夫した求め方を考えることでしょう。例えば，4×4－1×4という式で求めたとします。これは，1辺の●の数を4倍して，重なった四隅の●をひいて求めるという方法です。

次に，右の図のように1辺の●の数を7個にします。そのときに，教師から「1辺の●の数が4個のときに見つけた求め方の中から，自分が一番いいなと思った求め方を1つ選んで求めてみてください」と伝えます。4×4－1×4の求め方を使ったとすると，7×4－1×4という式になります。

さらに，1辺が10個になったら，図を提示しなくても，自然と10×4－1×4という式を子どもは考え始めます。そのころには，自然と子どもたちは x に着眼し始めているのです。

2. 授業展開例

最初に1辺の●の数が4個の正方形を提示します。そして「●の数を工夫して求めましょう。そのとき，必ず式を書いてください」と伝え，すぐに各

自で考える時間を設けます。子どもが考えられたら集団検討に移ります。

T では，求め方を式で言える人はいますか？
C ぼくは４×４−１×４という式で求めました。
T この式の４×４や１×４が図のどこを表しているかわかるかな？
C わかるよ。４×４は４個が４倍だから，線で囲んだ部分の●の数なんだけれど，重なっている部分をひかないといけないから，それが１×４で表しているところだよ。

　他にもいくつか求め方を式で提示させて，４×４−１×４のときと同様に式と図を結びつけて，考え方を共有するようにします。

　その他にも，４×４−２×２，３×４，２×４＋１×４などの求め方が出されることが予想されます。もしかすると，まだまだ多くの求め方が出るかもしれませんが，本時のメインの活動はこの次なので，ここで時間をかけ過ぎないようにします。

T では，この正方形を大きくして，１辺の●の数を７個にします。工夫して求めてもらいたいのですが，１辺に●が４個並んでいるときにみんなで見つけた求め方の中から１つ選んで，１辺に●が７個並んでいるときの●の数を求めましょう。

　ここでも各自で考える時間を設けます。中には，今まで出てきていない新しい求め方を考える子どももいますが，その態度は肯定しつつ，１辺の●の数が４個のときに使った求め方も使うように促します。

C 私は7×4－1×4という式で求めました。

T これはどの求め方を使ったかわかるかな？

C わかるよ！　4×4－1×4という求め方を使ったんだよ。図で表してみると，こうなるから，4×4－1×4のときと同じように，まず線で囲んだ部分の●の数を求めて，重なっている部分をひいているという求め方が同じだよ。

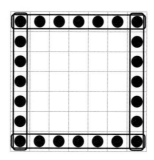

　次に，図を提示せずに1辺の●の数が10個のときの●の総数を問います。そして，言葉を使った式にして問題場面の構造を式で表し，xとyの使い方を説明します。

T この求め方を使えば，1辺の●の数が10個のときでも求められる？

C 10×4－1×4でしょう。

T どうしてすぐにわかったの？

C だって，（1辺の●の数）×4－1×4の式にいつもなっているもん。

T すごい‼　ちなみに，こうやって，（1辺の●の数）みたいに変わっていく数をxで表します。でも，×4や1×4は変わらないからそのまま。そして，xが変わると答えも変わるので，答えをyと書いて，x×4－1×4＝yと表すことができます。

逆数の意味や仕組みを考えよう！
［きまりを仕組む］
6年／分数のかけ算

元の問題

　積が1になる2つの数の組み合わせを，下の□の中から見つけて式を書きましょう。

$$\frac{8}{9} \quad \frac{4}{3} \quad \frac{7}{8} \quad \frac{3}{4} \quad \frac{2}{9} \quad \frac{8}{7} \quad \frac{9}{2} \quad \frac{9}{8} \quad \frac{1}{4}$$

アレンジ
［きまりを仕組む］
▼

$$\frac{8}{9} \times \frac{6}{7} \times \frac{4}{5} \times \frac{2}{3} \times \frac{3}{2} \times \frac{5}{4} \times \frac{7}{6} \times \frac{9}{8}$$

1. 「学びに向かう力」を高める教材アレンジの工夫

①式だけ提示し，「難しい」「簡単」という相対する声を引き出す

　「$\frac{8}{9} \times \frac{6}{7} \times \frac{4}{5} \times \frac{2}{3} \times$」とだけ板書をすれば，「難しい」「面倒だ」等と子どもは言うでしょう。「どうしてそう思ったの？」と問い返せば，「だって，式が長いと計算が複雑になるから」と答えると思います。これらの思いに共感しつつ，続きの「$\frac{3}{2} \times \frac{5}{4} \times \frac{7}{6} \times \frac{9}{8}$」を板書します。すると，「いややっ

ぱり簡単だよ」「これすごいよ」などと言う子どもが出てきます。この「難しい」「簡単」という心の揺らぎが，子どもの学びに向かう力を引き出します。

②何個だったら逆数を使って積を1にできるかを問う

　授業後半では，「何個だったら逆数を使って積を1にできるかな？」と問い，逆数になる分数の組み合わせを考えさせていきます。その中で，子どもは「奇数個では，分数が1つあまる」「偶数個なら，絶対ペアになる分数ができる」などと，式の中の分数の数に着目してさらに探究していく姿が期待できます。逆数の仕組みと式に隠されたきまりが，子どもの学びに向かう力を引き出します。

2. 授業展開例

　はじめに，「$\frac{8}{9} \times \frac{6}{7} \times \frac{4}{5} \times \frac{2}{3} \times$」とだけ板書します。

C　えっ，難しいよ。
C　面倒だなぁ…。
T　どうしてそう思ったの？
C　だって，式が長いと計算が複雑になるから。
T　その気持ちがわかる人？
C　わかるよ。今日の問題は本当に面倒だよ。

　続きの「$\frac{3}{2} \times \frac{5}{4} \times \frac{7}{6} \times \frac{9}{8}$」を板書します。

C　いや，やっぱり簡単だよ。
C　これ，すごいよ。
C　どういうこと？　わからない…。

C 整理すると見えてくるよ。

答えを出させた後，なぜ難しくなく簡単だったかを考えさせます。

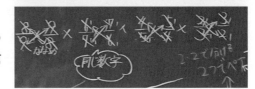

C 答えは1だよ。やっぱり簡単だったよ。
T どうして簡単だったと言えるの？　はじめは難しいって言ってたよね？
C だって，全部約分できるもん。
C ペアができるんだよ。
C この式を計算のきまりを使って整理すると，

$\dfrac{8}{9} \times \dfrac{9}{8}$ と $\dfrac{6}{7} \times \dfrac{7}{6}$ と $\dfrac{4}{5} \times \dfrac{5}{4}$ と $\dfrac{2}{3} \times \dfrac{3}{2}$ というペアができるんだよ。

C このペアは，分子と分母が入れ替わっている分数なんだよ。
C 逆の数字でかけているんだよ。だから，これらのペアはかけると絶対積が1になるから簡単なんだ。
T みんなが考えてくれたように，2つの数の積が1になるとき，一方の数をもう一方の「逆数」と言います。

ここで，「何個だったら逆数を使って積を1にできるかな？」と問い，逆数になる分数の組み合わせを考えさせていきます。

T 何個だったら逆数を使って積を1にできるかな？
C 2つは絶対だよね。$\dfrac{1}{2} \times 2$ でもできる。
C もしも3つだったら，1つあまるから1にできない。

C　その１つが１ならいいんじゃない？

C　その場合以外は，積は１にならないよ。

C　$\frac{8}{9} \times \frac{3}{4} \times \frac{3}{2}$ではどう？

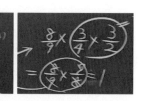

C　これも結局$\frac{8}{9} \times \frac{9}{8}$に

　なって，２個と同じじゃない？

C　確かに。奇数個は，特別なとき以外積は１にならないんだね。

C　４個や６個だったら簡単にできるよ。

C　偶数個だったら，逆数を使って積を１にできるよね。

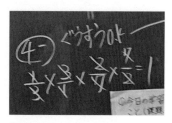

T　どうしてそう考えようと思ったの？

C　ペアができるってことは，必ず２つの分数の組み合わせになるよね？　だから，もしも６個だったら，６÷２でわりきれるから，偶数個なら大丈夫。

　　最後に本時の学習について振り返ります。

T　今日は逆数の意味やその仕組みについて考えました。どんな考え方が大切でしたか？

C　分数の分子や分母に着目することだよ。

C　約分ができないかどうかを考えることは，やっぱり大事だね。

C　$\frac{b}{a} \times \frac{a}{b} = 1$になるという逆数の仕組みだね。

松瀬　仁

かけて1になる組み合わせを見つけよう！
［ゲーム化する］
6年／分数のかけ算

元の問題

積が1になるように□に当てはまる数を書きましょう。

(1) $\frac{2}{3} \times \square = 1$　　　　(2) $\frac{7}{5} \times \square = 1$

(3) $8 \times \square = 1$　　　　(4) $0.3 \times \square = 1$

アレンジ
［ゲーム化する］
▼

　カードを使って神経衰弱をします。

　2枚ずつカードをめくっていき，めくったカードの積が1になったら そのカードを取ることができます。

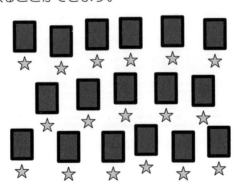

※本実践ではコンピュータを用いて行いましたが，実際にカードをつくっても OK です。

1. 「学びに向かう力」を高める教材アレンジの工夫

①ゲーム化することで，1になる数を考える目的をもたせる

　分数のかけ算の単元末で，次に学習する分数のわり算の計算の仕方を考える手立てとするために，逆数について学習する場面です。子どもにとって逆数の必要性がない中で逆数を学習することになるので，単元の学習の中で浮いたような存在になります。こういったときには，課題をゲーム化することによって，目的意識をもたせて考える必要性をつくっていきます。

②すべてのペアをつくらないことで，逆数を考える場面を用意する

　今回は，神経衰弱を通して逆数の関係について考えていきます。2枚ともめくって1になるか計算していきますが，逆数のきまりが見えてくると，1枚めくった段階で「どんな数が出てほしい？」と問うていきます。そうすることで，2つの数が逆数になっているか調べるだけでなく，逆数を考える練習も取り入れることができます。また，あえてペアにならない数も混ぜておくことで，最後まで残ったカードを見て「このカードのペアになるカードをつくるにはどんな数にするとよいかな？」と同様に逆数をつくっていく課題をみんなで考えていきます。

2. 授業展開例

　カードを並べてある画面を見せ，ルールについて確認していきます。

T　今日は，みなさんと神経衰弱をしたいと思います。神経衰弱のルールは知っていますか？

C　わかります。カードを2枚めくって同じ数字だったら取ることができる。

T　そうですね。しかし，今日は普通の神経衰弱ではありません。みなさんは分数のかけ算まで計算ができるようになったので，2枚のカードをめくって積が1になったら取れるようにします。

ルールが確認できたところで，教室を窓側と廊下側の半分に分け，チーム対抗という形でゲームを行っていきます。

T　それでは，廊下側が先行でゲームを始めましょう。☆のマークをタップするとカードをめくることができます。

C　$\frac{6}{5}$，分数だ。

T　もう１枚めくっていいですよ。

C　$\frac{1}{4}$。

T　では，みんなで計算して確認してみよう。

　分数を見た時点ですぐに１にならないと判断できる子どももいるが，ここでは分数の計算練習も兼ねて計算をして答えを求めることとします。

C　$\frac{6}{5} \times \frac{1}{4}$ で約分ができるから $\frac{3}{10}$ です。

T　１ではないですね。では，カードを裏に戻して窓側の人どうぞ。

C　$\frac{6}{5}$。

T　どうして，同じカードをめくったのですか？

　ゲームの展開は，子どもがどのカードをめくるかによって変わってくるが，本時では，２人目の子どもが最初と同じカードをめくったので，その理由を尋ねてみることにしました。

C　$\frac{6}{5}$ なら，反対の $\frac{5}{6}$ が出たらちょうど約分できて１になるから。

　逆数という言葉はまだ学習していませんが，分数だと分子と分母が逆になると約分で１になるということはすぐに見つけ出していました。そこで，積が１になる数をもう一方の逆数と呼ぶことを教え，引き続きゲームを進行していきます。

C （もう1枚は）$\frac{1}{10}$だ。1にならない。

T 念のため，計算してみましょう。$\frac{6}{5} \times \frac{1}{10}$はいくつになりますか？

C $\frac{6}{50}$だけど約分ができるから，$\frac{3}{25}$。

T 簡単に1にはなりませんね。それでは，また廊下側の人どうぞ。

C 今度は，5だ。

C じゃあ，$\frac{1}{5}$を出したらいい。

　ゲームを進めていくと，自分のチームを応援するために別の子どもも計算をして，どの数字を出すとよいのかアドバイスする姿が見られます。

C 0.2だ。逆数じゃない。

C ちょっと待って，0.2でも 5×0.2＝1で1になる。

T 本当ですね。1になるかけ算だから，逆数は分数だけとは限りませんね。

C $\frac{7}{9}$と，1と$\frac{2}{7}$の組み合わせも仮分数にすると$\frac{9}{7}$になるから1になった。

　ゲームが進んで枚数が少なくなってくると，どんどん1になる組み合わせが見つかるようになってきます。そこであることに子どもが気づきました。

C あれ？　カードの枚数が奇数だ。

T 本当ですね。ということは，ペアになってないカードもあるということだね。

C 1.1のペアがない。

T では，どんな数のカードがあったらいい？

C $\frac{10}{11}$だ。1.1を分数にして$\frac{11}{10}$にしてから逆にするといい。

T 逆数を考えるときには，分数にして考えると便利ですね。

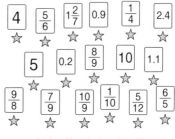

本時で使ったカード一覧

なぜこの式になるのかな？
［視覚化する］［比べる場面にする］
6年／分数のわり算

元の問題

$\frac{3}{4}$ dL のペンキで，$\frac{2}{5}$ m²ぬることができるペンキがあります。

このペンキ1 dL では何m²ぬることができますか。

アレンジ
［視覚化する］［比べる場面にする］
▼

x dL のペンキで，$\frac{2}{5}$ m²ぬることができるペンキがあります。

このペンキ1 dL では何m²ぬることができますか。

1. 「学びに向かう力」を高める教材アレンジの工夫

①文字を使って問題を提示する

　「文字と式」は一般的に分数の乗除法の前に学習しますが，分数の乗除法の単元では，積や商にあたる部分を□やxと示しているだけで，文字の変数としての役割を十分に活用しているとは言えません。そこで，分数の除法の導入において，「文字と式」の学習を生かして除数を変数xとして問題を提示することで，xと1との大小関係によって除数と商との大小関係が決まること，またxと1との大小関係にかかわらずxでわる式が立つことを，子どもたち自身が実感できるように工夫しています。

②数直線図を活用する

　数直線図は，問題構造を視覚的に明らかにすることで演算の根拠や計算の仕方を説明する道具として用いられます。演算決定の場面では，二量を2本の数直線にそれぞれ表してその対応を明確にし，比例関係を根拠に演算を決定していきます。

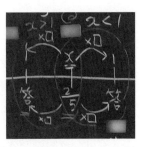

　このような活動は，整数や小数の乗除法から積み重ねられてきていますが，乗数や除数が分数になると混乱しやすいため，特に数量関係を明らかにする必要があります。また，演算決定と同時に，積や商の見積りを行い，実感の伴った学びとしていきたいところです。

③学習順序を変更する

　除数と1との大小関係による，被除数と商との大小関係については，通常「分数÷分数」の単元後半で扱います。一方，本実践では，除数を変数 x で示すことにより，$x > 1$ と $x < 1$ の2つの場合を同時に扱い，立式の根拠を統合的に学習していくことをねらっています。そのため，通常は「×整数」「÷整数」を学習してから「×分数」「÷分数」を学習しますが，「文字と式」の学習後，「×整数」「×分数」，そして「÷整数」「÷分数」となるように単元内での学習順序を変更しています。また，前単元「分数のかけ算」の導入時にも乗数を x で提示し，数直線図を用いて，x と1との大小関係によって被乗数と積との大小関係が決まることを学習しています。

2. 授業展開例

　除数にあたる量を x dL として問題を提示します。

---

　x dL のペンキで，$\dfrac{2}{5}$ m²ぬることができるペンキがあります。

　このペンキ1dL では何m²ぬることができますか。

C 式は $\frac{2}{5} \div x$ です。

T どうしてその式になるのか，説明できますか？

C ペンキの量とぬれる面積が比例しているからです。

C 数直線図をかけばわかります。

T では，数直線図をかいて，式が $\frac{2}{5} \div x$ になる理由を説明しましょう。

C 例えば，x が3だったら，3を1にするには3÷3なので，ペンキの量

と面積は比例しているから，$\frac{2}{5}$ を3でわることになります。

T 習ったことを使っていますね。「比例」とはどういうことでしたか？

C 一方が2倍，3倍…になると，もう一方も2倍，3倍…になる関係です。

C だったら，1×3＝3だから，□×3＝$\frac{2}{5}$ という式になります。

C □を求める式にしたら，□＝$\frac{2}{5} \div 3$ になります。

　ここでは，全体で話す前にペアなど少人数で説明し合う時間を取ります。
その後，ペンキの量とぬれる面積の比例関係を丁寧に確認します。

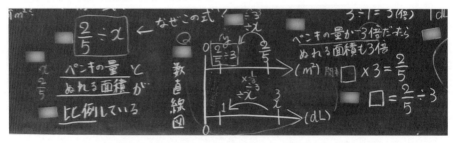

C 先生，ちょっと違う図も考えられます。今黒板にある図は，x が3みた
いに1より大きい場合ですが，x が0.5みたいに1より小さい場合もあ
ります。

144

C その場合，x は1よりも左側にきます。

　複数の子どもにかき方を少しずつ言わ
せながら板書していくことを繰り返し，
全員が自分自身で数直線をかき，使える
ようにしていきます。

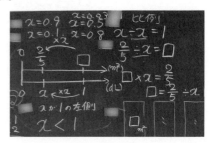

T さっきみんなは，こちらの図（$x > 1$）でどうして式が $\frac{2}{5} \div x$ になる

　のかを説明をしてくれました。こちら（$x < 1$）でも説明できますか？

C 数の位置が違うけれど，下のペンキの量の1dL を xdL にするには x 倍

　なので，上のぬれる面積も□m²に x をかけて $\frac{2}{5}$ m²になることは変わら

　ないから，同じ式になります。

T では，この2つの図の違いは何ですか？

C 左は x が1より大きくて，右は x が1より小さいです。

C それから，答えの大きさが変わります。

C 数直線図を見ると，x が1より大きいと，□は $\frac{2}{5}$ より小さくなって，

　x が1より小さいと，□は $\frac{2}{5}$ より大きくなっています。

　除数 x と1との大小関係によって被除数と商との大小関係が決まること
を，数直線図で視覚的に明らかにしながら確認します。

T ここまで学習したことをまとめましょう。

C x が1より大きくても小さくても，式は同じになります。

C わる数が1より大きいと，商はわられる数より小さくなって，わる数が
　　1より小さいと，商はわられる数より大きくなります。

盛山　隆雄

3倍の面積を求めよう！
［オープンエンドにする］
6年／円の面積

元の問題
右の図形の面積を求めましょう。

アレンジ
［オープンエンドにする］
▼

(1)アとイの図形の面積は，Aの図形の面積の何倍でしょう。

A　　　　　　　　ア　　　　　　　　イ

 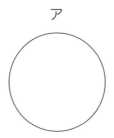 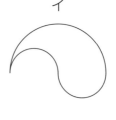

(2)3倍の面積の図形はないのかな？

1.「学びに向かう力」を高める教材アレンジの工夫

①「3倍の面積をつくる」という課題を見いださせる

　アとイの図形がAの図形の面積の何倍かを見た目で予想させると，2～4倍ぐらいという予想が多く出ます。

146

そのうえで，子どもと対話しながら，面積を求める
のに必要な長さを示し，面積を比較します。

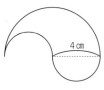

　調べた結果，アは４倍，イは２倍の面積でした。こ
のとき，「３倍の面積の図形はないのかなぁ…」など
と投げかけ，「それなら３倍の面積をつくってみよ
う！」と新たな課題を見いださせることが大切です。このように，自らつく
った課題を追究することで，学びに向かう力を育てます。

②オープンエンドの問題にする

　Ａの円の面積の３倍の面積の図形は多様につくることができます。子ども
たちは，自分の実力や自分なりの見方に応じて３倍の面積の図形をつくるこ
とができるので，この課題を追究し続けることができます。

2.授業展開例

　次のような図を提示します（最初は長さは示されていない）。

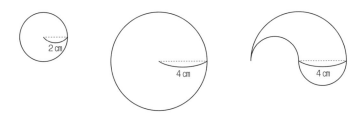

T　アとイの図形の面積は，Ａの円の面積の何倍でしょう。
C　アは４倍です。
C　イは３倍ぐらいかな…。

　まずは視覚的に面積が何倍かを予想し，関心をもたせます。それから，子
どもと対話しながら必要な図形の長さを示し，アとイの図形の面積がＡの図
形の面積の何倍かを考えさせます。

以下に，アとイが何倍の面積かがわかったところからの展開を紹介します。

T　アが4倍，イが2倍でしたね。3倍の面積がないけれど，3倍の面積の
　　図形はないのかなぁ…。

C　きっと3倍の図形もできると思います！

C　3倍の面積の図形をつくってみたいです！

T　では，面積が3倍の図形を考えてみようか。新しい課題をつくって追究
　　しようとするのは，すばらしいことですね。

T　アの図形が4倍，イの図形が2倍であることをヒントに考えてみよう。
　　ただ，円とは限りません。3倍であればどんな図形でもいいですよ。

C　わかった，アの図形を使えば簡単だ！

T　では，その考えから発表してみましょう。

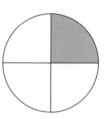

C　アの円は4倍の面積です。その円を4つに分け
　　た3つ分が3倍の面積になると思います。

C　そうか。4倍の図形から1倍の図形をひけば3
　　倍になるから，ドーナツが3倍だ！

C　どういうこと？

C　これだよ。（右中図をかいてみせる）

C　わかった。4－1＝3だね！　アの円からAの
　　円をひいた部分が3倍の面積です。

C　だったら，これ（右下図）でもいいのかな？
　　Aの円を位置を変えても，残りの部分は3倍の
　　面積だよね。

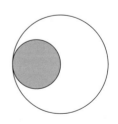

C　すごい，おもしろいね。他にもあります！

T　○○さんは，イの図形を使って，2＋1で3倍
　　の面積を考えたね。

C　はい，そうです。イは2倍の面積だから，イにAをたせば3倍の面積に
　　なります。UFOみたいになりました（次ページ図）。

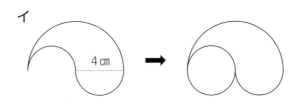

C 4×3.14の3倍の面積だから， 4×3.14×3＝12×3.14です。それで，この式が面積になる図形には，長方形や平行四辺形もあります。

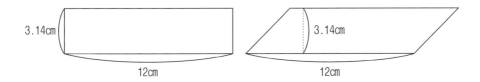

その他，下図のような図形が3倍の図形として発表されました。いずれも12×3.14という式を変形させて考えたものです。

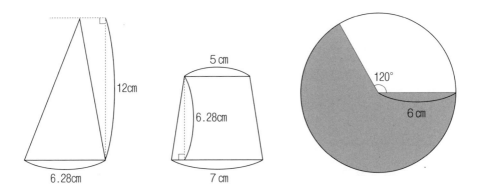

【執筆者一覧】

盛山　隆雄（筑波大学附属小学校）

加固希支男（東京学芸大学附属小金井小学校）

松瀬　　仁（聖心女子学院初等科）

山本　大貴（暁星小学校）

黒須　直之（さいたま市立日進小学校）

岡田　紘子（お茶の水女子大学附属小学校）

前田　健太（慶應義塾横浜初等部）

矢野　　浩（福島大学附属小学校）

天野　翔太（さいたま市立大砂土小学校）

佐藤　憲由（東京都東村山市立南台小学校）

沖野谷英貞（東京学芸大学附属竹早小学校）

正　　拓也（神奈川県横須賀市立高坂小学校）

森　　大地（滋賀県長浜市立浅井小学校）

神保　祐介（啓明学園初等学校）

久下谷　明（お茶の水女子大学附属小学校）

大村　英視（東京都目黒区立碑小学校）

小島　美和（東京都東村山市立久米川小学校）

青山　尚司（暁星小学校）

【編著者紹介】

盛山　隆雄（せいやま　たかお）

1971年鳥取県生まれ。筑波大学附属小学校教諭。

志の算数教育研究会（志算研）代表，全国算数授業研究会理事，日本数学教育学会研究部幹事，教育出版教科書『小学算数』編集委員。

著書に『「数学的な考え方」を育てる授業』（東洋館出版社），『盛山流算数授業のつくり方　8のモデルと24の事例』（光文書院），『数学的な見方・考え方を働かせる算数授業』（明治図書）他多数

【著者紹介】

志の算数教育研究会

（こころざしのさんすうきょういくけんきゅうかい）

2011年発足。

著書に『10の視点で授業が変わる！　算数教科書アレンジ事例30』『11の視点で授業が変わる！　算数教科書アレンジ事例40』（以上東洋館出版社），『子どもをアクティブにするしかけがわかる！　小学校算数「主体的・対話的で深い学び」30』『すぐに使える！　小学校算数　授業のネタ大事典』『子どもがぐんぐんやる気になる！　小学校算数　授業づくりの技事典』『めあて＆振り返りで見る　算数授業のつくり方』（以上明治図書）

学びに向かう力を育てる！
算数教科書アレンジ

2021年3月初版第1刷刊	©編著者	盛　　山　　隆　　雄
	発行者	藤　　原　　光　　政
	発行所	明治図書出版株式会社

http://www.meijitosho.co.jp

（企画）矢口郁雄（校正）大内奈々子

〒114-0023　東京都北区滝野川7-46-1
振替00160-5-151318　電話03(5907)6701
ご注文窓口　電話03(5907)6668

＊検印省略　　　　　組版所　長野印刷商工株式会社

Printed in Japan　　　　ISBN978-4-18-319522-7
もれなくクーポンがもらえる！読者アンケートはこちらから

発問

教材・教具

宿題

板書

ノート指導

学習環境

問題提示

自力解決

練り上げ

振り返り・まとめ

ペア・グループ学習

ICT活用

子どもがぐんぐん
やる気になる！

小学校
算数

授業 づくりの 技事典

盛山 隆雄 編著

加固希支男・松瀬 仁・山本大貴

志の算数教育研究会 著

子どもの思考を揺さぶる発問の技、「見方・考え方」を豊かにする板書の技、子どものミスコンセプションを生かす技、発展につながる振り返りの技…等々、発問、板書から問題提示、ペア・グループ学習まで、12ジャンル60本のすぐに使える算数授業づくりの技を大公開！

136ページ　A5判　2,000円+税　図書番号：1562

明治図書　携帯・スマートフォンからは **明治図書 ONLINE へ**　書籍の検索、注文ができます。▶▶▶

http://www.meijitosho.co.jp　＊併記4桁の図書番号（英数字）でHP、携帯での検索・注文が簡単に行えます。

〒114-0023　東京都北区滝野川7-46-1　ご注文窓口　TEL 03-5907-6668　FAX 050-3156-2790

＊価格は全て本体価格表示です。